C.H.BECK WISSEN

Die um 1900 in Russland erstmals publizierten, aus mehreren Vorlagen kompilierten «Protokolle der Weisen von Zion» wurden, obwohl als plumpe Fälschung leicht erkennbar, in vielen Auflagen und Übersetzungen zu dem am weitest verbreiteten antisemitischem Pamphlet, das eine «jüdische Weltverschwörung» zum Gegenstand hat: Auf einer geheimen Konferenz in Prag sollen Vertreter des «internationalen Judentums» die Strategie zur Erlangung der Weltherrschaft (über dominierenden Einfluss in Wirtschaft, Finanzen, Medien und Kultur) festgelegt haben. In Deutschland hatten die «Protokolle» Einfluss auf die Ideologen des Nationalsozialismus. Ein Prozess in Bern 1933–1935, veranlasst durch den Schweizerischen Israelitischen Gemeindebund, entlarvte den «dokumentarischen Bericht» als Fälschung, was die Wirkung der judenfeindlichen Propagandaschrift aber nicht beeinträchtigte. Der Text wurde zum zentralen Referenzdokument des Antisemitismus. Er ist der Prototyp der Weltverschwörungsphantasie. Zu fragen ist, welche Bedürfnisse nach Welterklärung mit «den Protokollen» gestillt werden, wie Legendenbildung funktioniert, welchen Sinn Mythen stiften.

*Wolfgang Benz*, geb. 1941, ist Professor em. der Technischen Universität Berlin, er leitete bis März 2011 das Zentrum für Antisemitismusforschung in Berlin. Bei C.H.Beck ist u. a. erschienen: *Geschichte des Dritten Reiches* ([2]2019); *Überleben im Dritten Reich. Juden im Untergrund und ihre Helfer* (2003), *Was ist Antisemitismus?* ([2]2005), *Der Ort des Terrors. Geschichte der nationalsozialistischen Konzentrationslager* (9 Bde., hg. zus. mit Barbara Distel, 2005–2009), *Deutsche Juden im 20. Jahrhundert. Eine Geschichte in Porträts* (2011), *Theresienstadt. Eine Geschichte von Täuschung und Vernichtung* (2013), *Die 101 wichtigsten Fragen: Das Dritte Reich* ([4]2023), *Der Holocaust* ([9]2018), *Der deutsche Widerstand gegen Hitler* ([2]2019), *Die Feinde aus dem Morgenland. Wie die Angst vor den Muslimen unsere Demokratie gefährdet* ([3]2016) sowie *Im Widerstand. Größe und Scheitern der Opposition gegen Hitler* (2019).

Wolfgang Benz

# DIE PROTOKOLLE DER WEISEN VON ZION

*Die Legende von der jüdischen Weltverschwörung*

C.H.Beck

Mit 17 Abbildungen

1. Auflage. 2007
2. Auflage. 2011
3., überarbeitete und aktualisierte Auflage. 2017
4. Auflage. 2019

5. Auflage. 2023

Originalausgabe

www.chbeck.de
Reihengestaltung Umschlag: Uwe Göbel (Original 1995, mit Logo),
Marion Blomeyer (Überarbeitung 2018)
Satz: C.H.Beck.Media.Solutions, Nördlingen
Druck und Bindung: Druckerei C.H.Beck, Nördlingen
Printed in Germany
ISBN 978 3 406 80173 0

myclimate

klimaneutral produziert
www.chbeck.de/nachhaltig

# Inhalt

Vorwort 7

1. Verschwörungsphantasien als Welterklärung 9

2. Das «auserwählte Volk» und die Wurzeln der «jüdischen Weltverschwörung» 19

3. Die Entstehung der «Protokolle der Weisen von Zion» 31

4. Der historische Kontext: Judenfeindschaft in Europa 50

5. Die Verbreitung der Legende 72

6. Aufklärung als Waffe? Der Berner Prozess und andere Abwehrversuche 84

7. Mediale Präsenz – die «Protokolle» und ihr Publikum 93

8. Neues Klientel für das alte Konstrukt: Die «Protokolle» in der islamistischen Propaganda 100

9. Die Überzeugungskraft des Absurden 109

Abbildungen 116
Literatur 123
Personenregister 127

# Vorwort

Dass eine Abhandlung über die «Protokolle der Weisen von Zion», jene Inkunabel der Verschwörungsphantasien vom jüdischen Streben nach Weltherrschaft, in einer seriösen Reihe erscheint, die das wichtigste Wissen aller Disziplinen versammelt, bedarf wohl der Erklärung. Die Geschichte der Fälschung der «Protokolle» ist, ohne dass solche Aufklärung je die Judenfeinde beeindruckt hätte, oft beschrieben worden. Hintergründe der Entstehung und Verbreitung des seit über einem Jahrhundert fortwirkenden Konstrukts der Judenfeindschaft sind also hinlänglich bekannt.

Adolf Hitler, Alfred Rosenberg und Julius Streicher haben die «Protokolle» als Baustein der nationalsozialistischen Ideologie des Judenhasses benutzt, das ist allenfalls noch historisch bemerkenswert. Dass der amerikanische Autokönig Henry Ford in den 20er Jahren das Falsifikat in den USA zur fanatischen Propaganda gegen den «Internationalen Juden» benutzte, zeigt (ebenso wie des ehemaligen Abgeordneten Martin Hohmanns Verweis auf Henry Ford in seiner patriotischen Rede im Oktober 2003) die verbreitete Anfälligkeit für irrationale Welterklärungen. Dass Mitte der 80er Jahre in Japan Bücher in Millionenauflagen erschienen, die den Mythos der jüdischen Weltverschwörung in einem Land predigen, in dem es praktisch keine Juden gibt, dass russische Orthodoxe sich wie islamistische Eiferer auf den scheinbaren Beweis jüdischer Heimtücke und Machtlüsternheit berufen, lehrt, dass die «Protokolle der Weisen von Zion» jenseits aller historischen und philologischen Betrachtung von aktueller und politischer Bedeutung sind.

Im Internet findet man derzeit 65 000 deutschsprachige Erwähnungen der «Protokolle». Größte Wirkung haben sie neuerdings im islamistischen Kontext als Waffe gegen Israel und die Juden. Arabische Rundfunkstationen und Fernsehanstalten verbreiten das Konstrukt und die «Islamische Widerstandsbewegung» Hamas, die im Januar 2006 bei den Wahlen in den palästinensischen Gebieten die Mehrheit errang, erhebt in ihrem Programm, das den Kampf gegen den Zionismus propagiert, die Protokolle zum «Beweis» für jüdisches Expansionsstreben.

Wenn ein längst als fiktives Konstrukt dechiffriertes irrationales Pamphlet mehr als ein Jahrhundert nach seiner Entstehung im politischen Konflikt, aber auch zur alltäglichen Welterklärung instrumentalisiert werden kann, dann ist es vor allem Gegenstand der Vorurteilsforschung.

Die Rolle der «Protokolle» in der Ideologie des Antisemitismus, ihre Wirkung als stereotyper Mythos und ihr historischer und aktueller Kontext sind in diesem Buch zu untersuchen. Dazu gehört – neben dem Blick auf die Entstehung, die Rezeption, die Verbreitung vor dem Zweiten Weltkrieg und die Renaissance des Traktats nach 1945 – vor allem die Betrachtung des Feindbildes von der jüdischen Weltverschwörung und, darauf gründend, der Versuch, Mechanik und Funktion des alten Konstrukts in der modernen Welt zu erklären.

Es geht also nicht in erster Linie um die Geschichte einer Fälschung, sondern um die Möglichkeiten des Irrationalen in der modernen Politik und Gesellschaft.

# 1. Verschwörungsphantasien als Welterklärung

Am 9. Januar 2005 erhielt die Israelische Botschaft in Berlin folgende E-Mail: «Betreff: tsunami. na ihr Juden, geht es euch gut, die menschen die in tsunamigebiet tödlich ums leben gekommen sind interessiert euch wohl nicht, ihr seid daran schuld das so viele menschen ums leben gekommen sind, ihr mit euren militärischen versuchen mit abc waffen hat es dazu geführt das die menschen da so leiden müssen, ist es wert, das gleich macht ihr auch mit den palästinensern, aber bald ist es soweit das ihr auch an der reihe seid». Die Naturkatastrophe des «tsunami», der im Dezember 2004 bis zu 300 000 Menschen in den Anrainerstaaten des Indischen Ozeans zum Opfer fielen, war, so die in schlechtem Deutsch an die Israelische Botschaft gerichtete Mitteilung, ein Werk «der Juden». Antisemitische Fanatiker phantasierten bald nach dem Unglück eine jüdisch-amerikanische Atombombe herbei, die im Pazifik gezündet worden sei und die Flutwelle ausgelöst habe. Als Beweis für die absurde Konstruktion wurde vorgebracht, 40 000 israelische Touristen hätten kurz vor der Flutwelle Asien verlassen, ebenso ein bekannter Schlagersänger. Sie seien gewarnt worden. Die Vermutung, Prominente, US-Bürger und Israeli seien informiert gewesen, hat natürlich keine Beweiskraft, stützt aber bei denen, die aufnahmebereit sind – in diesem Falle Antisemiten und Rechtsradikale, die sich von «Experten» im Januar 2005 bei einem Treffen in Berlin aufklären ließen –, die Annahme, hinter bösen Geheimnissen komme die der Mehrheit verborgene Realität für Eingeweihte zum Vorschein.

Die Vorstellung, obskure Mächte und Kräfte agierten auf der Hinterbühne des Weltgeschehens, dient der Bewältigung von Ohnmachtsgefühlen angesichts immer komplexer werdender und von Einzelnen nicht mehr durchschaubarer Zusammenhänge von Politik und Ökonomie im globalen Maßstab. Dass «die Juden» als Akteure von Weltverschwörungen mit bösen Folgen für alle Nichtjuden wahrgenommen werden, ist Teil einer Tradition, die bis in die christliche Antike zurückreicht. Juden als Drahtzieher, Nutznießer und Schuldige hinter den Kulissen wurden auch gleich nach den terroristischen Attacken auf die USA am 11. September 2001 ausgemacht.

Im verschwörungstheoretischen Konstrukt sind die Grenzen zwischen Realität und Fiktion aufgehoben. Es gibt keine Unterscheidung von richtigen und falschen Informationen, da sie alle nur unter dem Gesichtspunkt einer fixen Idee verwendet, aber nicht geprüft werden. Der Beweiszwang wird zur zentralen Kategorie, dem alle moralischen Skrupel zum Opfer fallen. Zur Durchsetzung der obsessiven Botschaft werden Phantasie und Wirklichkeit so lange vermischt, bis die Gesetze der Plausibilität keine Bedeutung mehr haben. Ziel ist die monokausale Erklärung und Deutung von Tatsachen, die monströs und schwer erklärlich sind und die auf außerordentliches Erkenntnisstreben stoßen, das in erster Linie durch Spekulation befriedigt wird, weil offen zutage liegende Tatsachen, die allgemein bekannt sind, nicht ausreichen, um vermutete Hintergründe zu erleuchten. Oder weil Erklärungen, die auf zugänglichen Quellen beruhen, abgelehnt werden – aus Misstrauen, aus Paranoia oder weil «natürliche» Erklärungen nicht befriedigen.

Verwickelte Theorien, gestützt durch abseitiges Mutmaßen, konstruierte Beweise und Fakten, die in einen passenden Zusammenhang gerückt werden, erfüllen ein verbreitetes Bedürfnis nach komplizierter Erklärung, nach Enthüllung und Deutung geheimer Zusammenhänge. Das Gefühl, in den Genuss und Besitz exklusiver Wahrheit zu gelangen, wird durch Glauben und Hingabe honoriert: Die Anhänger verschwörungstheoretischer Welterklärungen bilden jeweils Gemeinden, die sich auf irrationalen Überzeugungen gründen, deshalb sektenartigen Charakter haben und hermetisch verschlossen gegen jedes aufklärerische Bemühen sind.

Das Exempel für Funktion und Wirkung einer modernen Verschwörungstheorie ist ein 80-Minuten-Film, den im Dezember

2006, ein halbes Jahr, nachdem er ins Internet gestellt worden war, mehr als 30 Millionen Menschen gesehen hatten. Kein Kino und keine Fernsehstation hatte ihn bis dahin gezeigt. Der Film heißt «Loose Change» und ist nur eine, freilich die bislang wirkungsmächtigste Kompilation abstruser Erklärungsmuster für die Ereignisse des 11. September 2001. Er wurde von zwei jungen Leuten am Laptop aus Bildern des Terroranschlags, der über das World Trade Center und das Pentagon die amerikanische Gesellschaft traf, zusammengeschnitten. Widersprüchliche Zeugenaussagen, zusammengekittet durch Konspirationstheorien, suggerieren, dass die US-Regierung die Katastrophe aus politischem Kalkül selbst herbeigeführt habe. Zur Beweisführung dient die Montage aller für die These brauchbarer oder dazu manipulierter Informationen, virtuos arrangiert und so aufgeregt kommentiert, dass sich der Konsument der Dynamik und Dramatik der Kompilation nicht entziehen kann.

Damit solche Konstruktionen wirkungsmächtig werden können, muss das Publikum bereit sein, an eine Verschwörung zu glauben (was, wie die Kommentare zum Film «Loose Change» erweisen, bei einer wachsenden Gemeinde bedingungslos der Fall ist). Eine weitere Voraussetzung ist mangelndes kritisches Potenzial sowie die Abwesenheit einer rationalen Vernunft, die Tatsachen nach den Gesetzen der Logik prüft und ordnet. An der Bereitschaft eines großen Publikums, absurde Konstrukte zu glauben, ist nicht zu zweifeln: Die Umfrage eines amerikanischen Meinungsforschungsinstituts im Mai 2006 ergab, dass 42 Prozent der Bürger der USA davon überzeugt sind, dass die Regierung ihnen mindestens einen Teil der Wahrheit über die Ereignisse des 11. September 2001 verheimlicht. Nach einer Umfrage der Ohio State University im Juni 2006 meinten sogar 36 Prozent der Amerikaner, ihre Regierung habe den Terroristen geholfen oder zumindest nichts gegen sie unternommen. 2004 äußerten nicht weniger als 50 Prozent aller New Yorker diese Ansicht.

Bedient werden die Zweifel von Vertretern diverser Konspirationstheorien, die nicht unbedingt als geschlossenes Gedankengebäude vorgetragen werden und die möglicherweise im einzelnen Detail auch schlüssig sind wie die These des Physikprofessors Steven Jones, dass die durch den Flugzeugaufprall an den Türmen der World Trade Tower entstandene Hitze nicht stark genug war, um die Stahlträger des Gebäudes schmelzen zu lassen. Die Tatsache, dass zwei Flugzeuge in die Türme gerast sind, dass Feuer ausbrach und dass die Hochhäuser dann zusammengestürzt sind, haben Millionen Menschen gesehen. Aufgrund welcher bauphysikalischer Details dies geschah, ob die Stahlträger zuerst schmelzen mussten oder was sonst die Ursache war, muss Fachleute brennend interessieren, damit sie erklären können, welche Details zur Katastrophe des Einsturzes vor Millionen Augenzeugen führten. Aber wie kommt ein Philosophieprofessor dazu, die These aufzustellen, die Piloten der Todesflugzeuge seien noch am Leben, oder wodurch ist die Behauptung zu belegen, nicht Flugzeuge, sondern Raketen hätten die Türme zum Einsturz gebracht?

Eine weitere Voraussetzung neben der Bereitschaft auf der Konsumentenseite, an Verschwörungstheorien zu glauben, ist das Fehlen einer verantwortungsbewussten Moral auf der Anbieterseite von Nachrichten. Die Montage von Informationen, Argumenten, Beweisen erfolgt wie im Falle des Filmes «Loose Change» ohne Prüfung ihrer Glaubwürdigkeit, Plausibilität, ihres Anspruchs auf Wahrhaftigkeit: Solche Kategorien interessieren die Verbreiter verschwörungstheoretischer Gedankengebäude nicht, denn sie agieren ausschließlich als Anbieter von Spekulationen, deren Valenz zu prüfen dem Empfänger überlassen bleibt. Den Anspruch, die Adressaten ihrer Botschaft in die Lage zu versetzen, die Argumente zu prüfen, ihnen dabei wenigstens behilflich zu sein, haben sie nicht. Das Prinzip der Beliebigkeit wird hemmungslos eingesetzt – im harmlosen Fall ohne erkennbar böse Absicht als Unterhaltungsstoff, in der Regel zur suggestiven Durchsetzung ideologiebestimmter Weltsicht, die dem Schema «Freunde und Feinde», «Gute und Böse» folgt und dem Empfänger der Botschaft bestimmte Schlussfolgerungen nahelegt, nämlich die Entlarvung des Bösen und die ultimative Erklärung eingetretenen Unheils durch verschwörungstheoretische Konstrukte. Die Bereitschaft williger Ahnungsloser, sich durch Fiktionen, die als «exaktes Wissen» vorgetragen werden, von jeglichem Zweifel erlösen zu lassen, ist evident und hat eine lange Tradition.

Eine frühe Verschwörungslegende, am Ende des Hochmittelalters vom englischen Benediktinermönch Matthaeus Parisiensis (gest. 1259) in seiner «Chronica major» überliefert, schildert vor dem Hintergrund zeitgenössischer Schrecken einen angeblich konspirativ verabredeten Anschlag «der Juden» auf die Christen. Viele Juden, berichtet der Chronist, seien damals, im 13. Jahrhundert, auf die Insel Britannien gekommen. Er assoziiert sie mit den Mongolen, die aus dem Reich der «Goldenen Horde» 1241 bis nach Schlesien und Ungarn vorgedrungen waren und das Abendland in Angst versetzt hatten. Mongolen wurden auch Tataren (verballhornt in «Tartaren», abgeleitet aus *ex tartaro*, «aus der Hölle») genannt. Der Chronist Matthaeus Parisiensis verknüpfte solche Konnotationen in seiner Verschwörungsphantasie. Die Juden seien «an einem streng geheimgehaltenen Ort zu einer gemeinsamen Verabredung» zusammengekommen, wo ihnen jener, der ihnen am weisesten und mächtigsten galt, alsdann folgende Rede hielt: «Brüder, die ihr des noblen Samens Abrahams seid, aus dem Weinberg des Herren Sabaoth; unser Gott Adonay ließ es lange zu, daß wir unter der Macht der Christen leiden. Jetzt aber ist die Zeit gekommen wo wir befreit werden sollen, auf daß umgekehrt wir nach Gottes Ratschluß auch jene unterdrücken sollen. Denn aufgebrochen sind unsere Brüder, die einst eingeschlossenen Stämme Israels, damit sie sich und uns den ganzen Erdenkreis unterwerfen. Und je länger in aller Härte und Länge unser Leiden dauerte, desto größer soll unser Ruhm nun sein. Laßt uns ihnen also mit wertvollen Geschenken entgegengehen und sie mit den allerhöchsten Ehren empfangen.»

Nach dem Bericht des frommen Matthaeus Parisiensis aus Saint Albans erzählten die Juden dann den Christenfürsten, die Mongolen seien ihnen verwandt und begehrten Wein zu trinken, der ausschließlich von Juden bereitet sei. Darin bestehe das Mittel, sich ihrer zu entledigen: «‹Wir aber wollen solche unmenschlichen und gemeinen Feinde aus [unserer] Mitte entfernen und euch Christen von der drohenden Gefahr der Entvölkerung befreien; deshalb haben wir an die dreißig Fässer mit todbringend giftigem Wein bereitet, den wir ihnen schicken wollen.› Das fand die Zustimmung der Christen, daß die verbrecherischen Juden den Verbrechern ein solches Geschenk zusenden würden.» In den Fässern befanden sich aber, so die Chronik, tatsächlich Schwerter, Messer und Lanzen, mit denen die Juden die Christen vernichten wollten. «Irgendwo an der Grenze Alemaniens», beim Passieren einer Brücke, seien der wahre Inhalt der Weinfässer und die böse Absicht der Juden entdeckt worden. Ob Waffen oder vergifteter Wein, die mörderische Intention war in jedem Fall erkennbar und stigmatisierte die Juden, ebenso wie die Verbindung der in beiden Fällen mit dem Teufel konnotierten Gruppen der Tataren/Mongolen und Juden. Die Furcht vor dem kriegerischen Steppenvolk, das 1241 bis nach Mitteleuropa vorgedrungen und in der legendären Schlacht von Liegnitz abgewehrt worden war, verband sich mit dem gängigen Vorwurf des jüdischen Wuchers und der Wahrnehmung der Juden als Verkörperung des Antichrist.

Die Ausstattung der Geschichte – Verschwörung am geheimen Ort, Programmrede eines Vordenkers, Anlage virtueller Waffenarsenale – bildet einen Kanon erzählerischer Motive, der sich in den folgenden Jahrhunderten in zahllosen Verschwörungsphantasien immer wieder findet.

Das Bündnis der Juden mit den Feinden der jeweils eigenen Nation ist ein solches Motiv, das sich im 20. Jahrhundert als Begründung von Aversion und Vorwand der Verfolgung häufig nachweisen lässt und bis in die Gegenwart lebendig blieb. Die Schlagzeile der britischen Boulevardzeitung «Daily Express» vom 24. März 1933 «Judaea declares War on Germany» ist dafür ein Beispiel. Unter dieser Überschrift war über Proteste britischer und amerikanischer jüdischer Organisationen gegen Übergriffe und Aktionen der Nationalsozialisten nach der «Machtergreifung» in Deutschland berichtet worden. Die NS-Propaganda rechtfertigte damit den Aufruf zum Boykott jüdischer Geschäfte am 1. April 1933. Im August 1939 positionierte sich der Präsident des Zionistischen Weltkongresses Chaim

Weizmann am Vorabend des Zweiten Weltkriegs mit der von ihm repräsentierten Organisation zur Verteidigung geheiligter Werte: Die Juden (soweit Weizmann für sie sprechen konnte) würden an der Seite der Demokratien kämpfen. Die Kriegserklärung an die Juden war längst von Deutschland ausgegangen und wurde bis dato durch Ausgrenzung, Ausplünderung, Austreibung, Berufsverbote und Entrechtung wie durch brachiale Gewalt praktiziert. Den Epigonen des Nationalsozialismus dient bis heute die angebliche «Kriegserklärung der Juden an Deutschland» zur Rechtfertigung der nationalsozialistischen Vernichtungspolitik: Durch Schuldumkehr sollten die Opfer zu Anstiftern, die Täter zu Verteidigern ihrer bedrohten Nation stilisiert werden.

Das Motiv findet sich auch bis in die Gegenwart in der Rechtfertigung von Judenfeindschaft (bis hin zur Handlangerschaft beim Holocaust) in den baltischen Staaten: die Juden hätten sich mit den Sowjets gegen die Litauer oder Letten verbündet und deshalb 1941 nach dem Rückzug der Sowjets den berechtigten Zorn der autochthonen Bevölkerung – ganz ähnlich wie in Bessarabien und der Bukowina – auf sich gezogen.

Zentrale Botschaft von Verschwörungstheorien ist stets die angebliche Feindschaft der Minderheit gegen die Mehrheit; die Aktionspläne der Minderheit werden «aufgedeckt», um Erklärungen zu finden für Naturkatastrophen, Unglücksfälle, Terror und Krieg oder als Beweis für die Beherrschung der Welt durch finstere Mächte. Man mag (und muss als rational orientierter Mensch) Verschwörungsphantasien als wahnhafte Konstrukte ablehnen. Zur Erklärung ihrer Wirkung wird man sich jedoch mit ihnen auseinandersetzen. Möglicherweise hat das Absurde eigene Überzeugungskraft, die sich den Kategorien vernünftigen Denkens entzieht. Ein Beispiel mag Hinweise dazu liefern. Die Geschichte ist aktuell und der Mann, der sie mitteilte, erzählt sie gewiss häufiger, um damit etwas zu beweisen, wovon er tief überzeugt ist. Er ist Hausmeister in einer Wohnanlage in Berlin, aufgewachsen vor Jahrzehnten in Ägypten als Sohn einer deutschen Mutter und eines ägyptischen Vaters. In einem bestimmten Jahr seiner Kindheit habe es in ganz Ägypten keinen Zucker gegeben. Kein einziges Gramm. Der Grund, so erfuhr er von der Mutter, war, dass «die Juden» allen Zucker aufgekauft hätten – um damit zu spekulieren oder um ihn der nichtjüdischen Bevölkerung vorzuenthalten, den genauen Grund kann er nicht angeben. Aber es sei so und nicht anders gewesen. Er weiß es von seiner Mutter, und die Geschichte in Zweifel zu ziehen, bedeutet, ihn und seine Mutter zu beleidigen, denn seine Mutter hat ihn doch nicht angelogen. So bekommt die in jeder Beziehung absurde Geschichte ihre eigene Wahrheit, denn er selbst glaubt, vermittelt durch die Erzählung seiner Mutter, die Sache erlebt und erfahren zu haben, und jeder Vorhalt, dass es so nicht gewesen sein kann, würde ihn nur zur Bekräftigung durch energische Beteuerungen und weitere Argumente zwingen, würde die Autosuggestion, der er seit langem erlegen ist, verstärken. Verschwörungslegenden, das zeigt dieses ganz beiläufig und gelegentlich vorgetragene private Exempel, haben einen subjektiven Sinn, der sich unversehens zum scheinbar objektiven Befund ausweitet, immer der Erklärung von schwer überschaubaren Zusammenhängen dient, dann von Interessenten instrumentalisiert wird und schließlich als Waffe dient, mit der Gruppen als bösartig und feindlich zu stigmatisieren sind.

Eine Verschwörung braucht Verschwörer. Den Juden wurde diese Rolle seit dem frühen Mittelalter zugewiesen, weil sie durch Religion, Kultur und daraus resultierende soziale Gegebenheiten als fremd und anders wahrgenommen wurden. Im 18. Jahrhundert bot sich ein weiteres Kollektiv an, die kosmopolitische humanistische Bewegung der Freimaurer, die sich durch Rituale und ihre Organisationsform, möglicherweise auch durch ihren angelsächsischen Ursprung, so rasch wie unbegründet verdächtig machte. Nachdem Papst Clemens XII. die Anhänger des Freimaurertums exkommuniziert hatte, eineinhalb Jahrzehnte nach der Gründung des «Ordens», weil er angeblich Träger häretischer Lehren sei, waren sie im Sinne der katholischen Kirche theologisch in die Nähe der Juden gerückt. Im weltlichen Raum machten sich die Freimaurer durch ihre geheimnisvollen Rituale und ihre Exklusivität verdächtig. Wie die Juden gerieten sie ins Visier der Verschwörungsphantasten und wurden, wie die Juden, als habituelle Feinde der Menschheit stigmatisiert. «Es gibt keine Art von Verschwörung, die nicht irgendwann den Freimaurern zugeschrieben wurde» (Jacob Katz). Die Verbindung zwischen Freimaurern und Juden (vor allem in der Form, dass die Freimaurer Werkzeuge der Juden seien) war von Antisemiten, die an die schlechten «Rasseeigenschaften» der Juden glaubten, und bigotten Klerikern oder Laien, die aus katholischer Tradition argumentierten, leicht herzustellen. Wirkungsmächtig in dieser Hinsicht waren die Franzosen Augustin Barruel am Anfang des 18. Jahrhunderts und später Henri Gougenot des Mousseux, dessen Buch «Le Juif, le judaisme et la judaisation des peuples chrétiennes» (1869) das Verschwörertum der Juden und ihre Verbindung zu den Freimaurern zu beweisen suchte. Dass die Freimaurerlogen ursprünglich Juden verschlossen waren, haben die eifernden Verschwörungstheoretiker nicht bemerkt oder nicht wahrhaben wollen.

In einer Verschwörungsphantasie, die im letzten Jahrzehnt des 19. Jahrhunderts entstand, spielt das damals modernste Verkehrsmittel, die Untergrundbahn, eine Rolle. Auf revolutionäre Weise verkörperte in London ab 1890, auf dem europäischen Kontinent in Budapest erstmals 1896, in Paris ab 1900, in Berlin ab 1902 die Untergrundbahn die Moderne, wurde Symbol der großen Weltstadt und war natürlich auch Gegenstand fortschrittsfeindlichen Argwohns. Wieder sind es «die Juden», die als feindliche Macht gegen die Welt der Nichtjuden agierend ins Spiel gebracht werden: Als ultimative Waffe gegen die Menschheit, für den Fall, dass die Nichtjuden erkennen würden, «wie alles zusammenhängt», haben sie die Städte im Wortsinne unterminiert, wenn nämlich «die Nichtjuden» voller Erbitterung mit den Waffen in der Hand «über die Juden herfallen würden»: «Für diesen Fall haben wir ein letztes, furchtbares Mittel in der Hand, vor dem selbst die tapfersten Herzen erzittern sollen. Bald werden alle Hauptstädte der Welt von Stollen der Untergrundbahnen durchzogen sein. Von diesen Stollen aus werden wir im Falle der Gefahr für uns die ganzen Städte mit den Staatsleitungen, Ämtern, Urkundensammlungen und den Nichtjuden mit ihrem Hab und Gut in die Luft sprengen».

Diese Zwangsvorstellung illustriert den Verdacht, Juden seien eine allen Nichtjuden feindlich gesinnte Minderheit, die sich, ihrer Bosheit bewusst, mit ultimativen Mitteln verteidigen würde, wenn die Mehrheit ihre auf Herrschaft und Ausbeutung zielenden Machenschaften endlich entdeckt habe und sich zur Wehr setzen würde. Die paranoide Idee bildet einen roten Faden in der Geschichte der Judenfeindschaft; sie erscheint unter religiösen Vorzeichen bereits im Mittelalter, dient als «jüdische Kriegserklärung gegen Deutschland», als Motiv nationalsozialistischer Politik (wie 1933 zum Anlass des Boykotts) und generell als Rechtfertigung antisemitischer Vernichtungsideologie. Die Absurdität der Metapher der jüdischen Unterwühlung der Hauptstädte der Welt durch Untergrundbahnen hat seinerzeit sogar Propagandisten und Exegeten jenes Pamphletes irritiert, in dem es als Argument zum Beweis jüdischer Heimtücke erscheint. Es sind die «Protokolle der Weisen von Zion».

## 2. Das «auserwählte Volk» und die Wurzeln der «jüdischen Weltverschwörung»

Juden waren seit der Spätantike Objekte christlicher Mission. Wegen ihrer Verweigerung gegenüber der Heilslehre des Neuen Testaments wurden sie als Feinde wahrgenommen, deren Verstocktheit gebrochen werden sollte. Ihr Anspruch, das auserwählte Volk zu sein, machte die Anhänger des Alten Testaments noch suspekter. Judenfeindliche Phantasien, nach denen sich die Mitglieder der jüdischen Religionsgemeinschaft über alle Grenzen hinweg zum Kampf gegen die Christen verschworen hätten und nach der Weltherrschaft strebten, gehen bis ins Mittelalter zurück.

Im 12. Jahrhundert findet sich z. B. bei Thomas von Monmouth die Vorstellung, alljährlich bestimmten Rabbiner durch das Los den Tod von Christen. Die Legenden von Ritualmorden, Brunnenvergiftung, Hostienfrevel usw., die immer wieder zum Anlass von Judenverfolgungen wurden, basieren auf Verschwörungsmythen. Sie bilden immer noch den durch Tradition überlieferten Hintergrund judenfeindlicher Ressentiments und daraus abgeleiteter Erklärungsmuster. Überlieferte Mythen lassen sich auch leicht aktualisieren und zur Erklärung für beliebige Ereignisse verwenden. Vor der Kamera des «Spiegel TV» erläuterte im Sommer 2006 ein 17-jähriger Kurde aus Bonn die Gründe für die Entstehung des Libanonkriegs: «Es war erstmal so, dass die Juden ein Kind oder so vergewaltigt haben». Dann berichtet er, er wisse aus sicherer Quelle, dass Juden auch schon mal Sechsjährige in einem Kindergarten systematisch erschossen hätten: «Nur die Lehrerin haben die leben lassen, damit die psychisch krank wird». Der 17jährige verfügt offenbar über ein geschlossenes Weltbild, in dem Juden die Rolle von Schurken haben.

Die mittelalterliche, religiös begründete Dämonisierung des Judentums war eine der Wurzeln des Ressentiments, das Juden als eine geschlossene, zentral gelenkte Gemeinschaft («Weltjudentum») in der Wahrnehmung des modernen Rassenantisemitismus verankerte, den Juden Herrschaftspläne unterstellte und damit Feindschaft gegen sie begründete. In der nationalsozialistischen Ideologie wurde die Wahnvorstellung vom Kampf des Judentums gegen Deutschland und die germanische «Rasse» propagiert und von vielen geglaubt. Wie unsinnig die Konstrukte vom Weltjudentum und von jüdischer Weltverschwörung sind, geht schon daraus hervor, dass antisemitische Propaganda sowohl die angebliche Erfindung und Durchsetzung des Bolschewismus als auch den Kapitalismus, die Beherrschung der Börsen und Banken, als jüdische Machenschaften anprangert, um das Zerrbild des Juden als Bolschewisten und das entgegengesetzte Zerrbild vom Juden als Plutokraten oder Finanzmagnaten zur Hetze gegen die Juden zu instrumentalisieren. Die jahrhundertelange Diasporaexistenz der Juden in vielen Ländern, ihre Bewahrung der kulturellen und religiösen Eigenart haben sicherlich solche Vorstellungen gefördert, die dazu dienten, die Juden zu Fremden, zu Feinden und Schuldigen zu stempeln.

Zu Beginn des 19. Jahrhunderts behauptete der französische Jesuit Augustin Barruel, «die Juden» erstrebten die Weltherrschaft. Die Obsession, Juden als organisierte, durch Religion und Kultur eng verbundene Gemeinschaft gierten nach Macht und Herrschaft, hat sich im 19. Jahrhundert, mit dem Wandel vom Antijudaismus zum rassistischen Antisemitismus, gefestigt und verstärkt. Das vermeintlich organisierte «internationale Judentum» wird als machtvolle Lobby, als Finanzen und Politik bewegende überstaatliche Kraft konstruiert und, gespeist aus spiritueller und ethnischer Eigenart, als stereotype Imagination wahrgenommen. Diese Vorstellung ist immer noch aktuell und stets revitalisierbar. So äußerte im Interview mit einer deutschen Tageszeitung im September 2005 der spätere polnische Ministerpräsident Jaroslaw Kaczynski die Gewissheit: «Die Juden sind zu einem der mächtigsten Völker der Welt aufgestiegen. Natürlich haben die Juden besondere Eigenschaften». Der norwegische Populärphilosoph Jostein Gaarder erregte im Sommer

2006 Aufsehen mit einem Essay, in dem er im Namen eines nicht spezifizierten Kollektives – Zivilgesellschaft, Intellektuelle, Kulturschaffende, Exponenten der Humanität? – eine Absage an den Staat Israel verkündete: «Wir glauben nicht an die Vorstellung von Gottes auserwähltem Volk ... Als Gottes auserwähltes Volk aufzutreten ist nicht nur dumm und arrogant, sondern ein Verbrechen gegen die Menschlichkeit. Wir nennen es Rassismus».

Die Gewissheit, die Juden hätten besondere Eigenschaften (als Individuen wie als Kollektiv), und die Zurückweisung der Metapher «auserwähltes Volk» erfolgen in der Regel in aggressiver Form; sie stützt sich auf die Überzeugung, «die Juden» seien weltweit als Interessengemeinschaft gegen die Nichtjuden organisiert. Als Beweis dienen Mythen wie die «Protokolle der Weisen von Zion», deren Argumentationskraft aus ihrer langen Existenz abgeleitet wird und die im Appell an irrationale Bedrohungsängste besteht.

Tatsächlich gibt es keine Organisation, die alle Juden weltumspannend vereinigt und dazu berechtigen würde, von einem Weltjudentum zu sprechen. Auch der World Jewish Congress (Jüdischer Weltkongress), dem diese Funktion immer wieder zugeschrieben wird, wenn ihre Repräsentanten sich zu Wort melden, hat keine solche Kompetenz. Der im August 1936 in Genf als Zusammenschluss jüdischer Vereinigungen entstandene Jüdische Weltkongress ist lediglich eine Dachorganisation, die die Interessen der Juden gegenüber der Weltöffentlichkeit angesichts der nationalsozialistischen Verfolgung wahrnehmen sollte. Ziel der Organisation sollte es sein, «das Überleben und die Einheit des jüdischen Volkes» zu sichern.

Das Misstrauen gegenüber nichtstaatlichen übernationalen Organisationen, das im Zeitalter nationalstaatlicher Enge Freimaurer, Zeugen Jehovas, Jesuiten und andere traf, galt und gilt jüdischen Vereinigungen in besonderem Maße. Der 1843 in den USA gegründete humanitäre Bund B'nai B'rith, die Alliance Israelite Universelle (1860 in Paris als Wohltätigkeitsverein gegründet), die Zionistische Weltorganisation (1897 als Jüdische Nationalbewegung gegründet) oder nach dem Zweiten Weltkrieg die Jewish Claims Conference, die Ansprüche von Holocaust-Opfern auf Entschädigung und Wiedergutmachung vertritt, werden genannt, wenn das Konstrukt des «Weltjudentums» beschworen wird, obwohl die genannten Organisationen Ziele verfolgen, die für Verschwörungslegenden nicht im entferntesten zu vereinnahmen sind.

Zur Konstruktion der «jüdischen Weltverschwörung» gehört die Rezeption des Anspruchs «auserwähltes Volk» als Wurzel im Religiösen ebenso wie die Wahrnehmung der Juden als ethnisches Kollektiv. Der moderne Antisemitismus des 19. Jahrhunderts gründet seine Abneigung auf das Konstrukt «Rasse» und versucht sich damit als Wissenschaft zu legitimieren, auch oder vor allem, um zu verschleiern, dass es sich um eine politische Ideologie handelt.

Naturwissenschaftler definieren Rasse als eine Gruppe von Lebewesen, die sich durch gemeinsame Erbanlagen von anderen Angehörigen ihrer Art unterscheidet. Die menschliche Gesellschaft besteht aus Angehörigen verschiedener Rassen oder ethnischer Gruppen, die grundsätzlich gleichwertig und gleichberechtigt sind. Historisch ist freilich die ethnische Herkunft von Minderheiten (Indianer und Afrikaner in den USA, Inder in Südafrika, Kenia und Uganda, Chinesen in Indonesien usw.) von der Mehrheitsgesellschaft immer wieder zur Diskriminierung und Verfolgung benützt worden, mit den weitreichendsten Folgen im nationalsozialistischen Völkermord an den Juden.

Die Diskriminierung aus rassischen Gründen (Rassismus) folgt keinen rationalen Argumenten, sondern Vorurteilen und Feindbildern, die instrumentalisiert werden. Kulturelle und religiöse Traditionen spielen ebenso wie wirtschaftliche und soziale Gründe bei Ausgrenzung, Diskriminierung und Verfolgung von ethnischen Gruppen aus rassistischen Motiven eine entscheidende Rolle. Angeblich typische Rasseeigenschaften sind in der Realität oftmals überhaupt nicht vorhanden und nachweisbar. Auch die Rassenlehre der Nationalsozialisten, die auf sozialdarwinistischen und antisemitischen Überzeugungen des 19. Jahrhunderts basierte, war entgegen ihrem Anspruch kein wissenschaftlich gefestigtes Denkgebäude, sondern vor allem Ideologie und Propaganda. Mit ihr wurde das Konstrukt einer germanischen oder nordischen Rasse gestützt, deren Angehörige als «Herrenmenschen» bezeichnet wurden, die sich klar von minderwertigen Ostvölkern und «Untermenschen» am unteren Ende der Skala, zu denen vor allen anderen die Juden gerechnet wurden, abgrenzen lassen sollten. Unter dem Schlagwort «Rassehygiene» forderten Fanatiker Maßnahmen zur Bewahrung der völkischen Reinheit, wie sie im NS-Staat dann eingeführt wurden («Gesetz zur Verhütung erbkranken Nachwuchses»). Mit dem Kriminaldelikt «Rassenschande» wurden ab 1935 deshalb sexuelle Beziehungen zwischen Deutschen und «Nicht-Ariern» unter Strafe gestellt.

Wie haltlos die angeblich wissenschaftlich fundierte nationalsozialistische Rassenlehre war, die Juden alle möglichen schlechten Eigenschaften als genetisch bedingt und deshalb unabänderlich zusprach, geht daraus hervor, dass zur rechtlichen Bestimmung der Abstammung die Religionszugehörigkeit der Eltern, Großeltern und weiterer Vorfahren herangezogen werden musste, da es andere – naturwissenschaftliche – Kriterien nicht gab.

Mit der Existenz des 1948 begründeten Staates Israel haben Weltverschwörungsmythen eine zusätzliche Dimension erhalten, die sich an politischen und militärischen Handlungen des Judenstaats festmacht. Zionismus als jüdisches Streben nach einer nationalen Heimstätte hat einen vehementen Antizionismus als Parole gegen die Existenz Israels hervorgebracht, der im aktuellen Weltgeschehen seit Jahrzehnten mit steigender Tendenz eine Rolle spielt. Antizionismus interessiert hier als Einstellung, weil dabei auf Verschwörungslegenden zurückgegriffen wird.

Zion hieß der älteste Teil Jerusalems, davon leitet sich der Name für die Bewegung ab, die die Rückkehr aller Juden in das Land Israel mit dem religiösen Mittelpunkt Zion (Jerusalem) propagiert. Ausgangspunkt des Zionismus war die Judenfeindschaft in Europa im 19. Jahrhundert. Philanthropen wie Moses Montefiori planten die Ansiedlung der in Polen und Russland bedrängten Juden in Palästina. Ein frühes Siedlungsprojekt ist mit dem Namen Leo Pinsker verbunden. Der in Odessa tätige jüdische Arzt verfasste unter dem Eindruck des Pogroms von 1881 sein berühmtes Buch «Autoemanzipation» und wurde damit zum Vorläufer des Zionismus. Zionismus verstand sich als jüdische Antwort auf die verweigerte Emanzipation (Gleichberechtigung) der Juden in vielen Staaten Europas. Zionismus war auch eine Reaktion auf die vehemente Judenfeindschaft in Osteuropa, die sich Ende des 19. und zu Beginn des 20. Jahrhunderts regelmäßig in Pogromen und Massakern äußerte.

Die Zionssehnsucht verband sich bei religiösen Juden mit der Erwartung des Messias, der aller jüdischen Not in der Diaspora ein Ende machen würde. 1862 hatte der Philosoph Moses Heß in der Schrift «Rom und Jerusalem» seine Skepsis gegenüber der erhofften Emanzipation der Juden Ausdruck verliehen und statt der Gleichstellung in den europäischen Ländern einen jüdischen Nationalstaat propagiert. Das Buch blieb unbeachtet, vielleicht, weil es dreißig Jahre zu früh kam.

Den Begriff Zionismus hatte 1890 Nathan Birnbaum geprägt. Birnbaum war Herausgeber der Zeitschrift «Selbst-Emancipation» und spielte als Anwalt des Ostjudentums in der Diaspora eine Rolle. Der Aufstieg des Zionismus zur politischen Ideologie, zur Staatsvision ist aber mit dem Namen eines anderen Mannes verbunden, dessen Ausstrahlung, Selbstdarstellung und Energie wesentliche Triebkräfte der Bewegung waren: Theodor Herzl.

Der in Budapest geborene Jude deutscher Kultur, ein promovierter Jurist, Redakteur und Autor von Feuilletons und Bühnenstücken, die in Wien einigen Erfolg hatten, veröffentlichte im Februar 1896 ein schmales Buch, das zur Programmschrift der zionistischen Bewegung wurde. «Der Judenstaat» hieß es, mit dem Untertitel «Versuch einer modernen Lösung der Judenfrage». Über die Absichten der Broschüre ließ Herzl keinen Zweifel: «Der Gedanke, den ich in dieser Schrift ausführe, ist ein uralter. Es ist die Herstellung des Judenstaates. Die Welt widerhallt vom Geschrei gegen die Juden, und das weckt den eingeschlummerten Gedanken auf.»

Die «Judenfrage», ein Schlagwort mit schillerndem Inhalt, je nachdem wer es gebrauchte, war für Herzl kein religiöses und auch nicht in erster Linie ein soziales Problem. Seine Vision: Eine politische Lösung der «Judenfrage». «Sie ist eine nationale Frage, und um sie zu lösen, müssen wir sie vor allem zu einer politischen Weltfrage machen, die im Rate der Kulturvölker zu regeln sein wird ... Wir sind ein Volk, *ein Volk.*»

Herzls Staatsutopie hatte einen sehr realen Hintergrund: den Antisemitismus in West- und Mitteleuropa, der sich in Frankreich gerade in der Dreyfus-Affäre gezeigt hatte und der in Deutschland und Österreich in Pamphleten und Traktaten von Judenfeinden zum Ausdruck kam. Organisationen wie die christlich-soziale Arbeiterpartei des Berliner Hofpredigers Adolf Stoecker und die ebenso antisemitische christlich-soziale Partei des Wiener Bürgermeisters Karl Lueger kämpften um politischen Einfluss. Ging es im Westen um die Durchsetzung der Emanzipation, wenn von der «Judenfrage» die Rede war, so herrschte in Russland, in Polen, in Litauen, in ganz Osteuropa ein Zustand jüdischer Rechtlosigkeit und jüdischen Elends. Auf die «Judennot» reagierten manche mit Auswanderung, die meisten hatten jedoch dazu keine Möglichkeiten und nahmen die Situation als hoffnungslos hin.

Theodor Herzl zeigte mit seiner politisch-nationalen Vision vom Judenstaat einen Ausweg. Er wurde zum Idol einer Bewegung, die sich zu formieren begann. Der impulsive, auf Wirkung bedachte Literat Herzl verstand es besser als seine Vorläufer, emotional zu bewegen, zu überzeugen, mitzureißen. Herzl wurde zum charismatischen Führer. Er warb um Unterstützung und gründete eine Wochenschrift als Sprachrohr der entstehenden zionistischen Bewegung. Ein internationaler Kongress sollte dem Projekt «Judenstaat» Beachtung verschaffen. Herzl dachte zuerst an seine Heimatstadt Wien. Wegen der dort herrschenden Judenfeindschaft war Wien aber ungeeignet. Auch Zürich kam nicht in Frage – wegen der vielen revolutionären Russen, die dort lebten und von zaristischer Geheimpolizei beobachtet wurden. Das zugleich provinzielle und kosmopolitische München bot sich an. Die jüdische Gemeinde und orthodoxe Rabbiner protestierten jedoch vehement: «Das Projekt des Münchener Congresses hat in Deutschland seitens unserer Stammesgenossen durchaus keine günstige Aufnahme gefunden, ja, Vereine und Körperschaften haben direkt eine feindselige Stellung dagegen eingenommen. Die Gründe sind offensichtlich. Es herrscht die Furcht, daß durch die Kundgebung nationaler Sonderbestrebungen den Antisemiten eine Waffe in die Hand gegeben würde, und daß selbst billig denkende Christen in der Vertheidigung der politischen Rechte der Juden in Folge dessen lässig werden können.»

Die Wahl fiel schließlich auf das liberale Basel. Etwa 250 Teilnehmer, unter ihnen 21 Frauen, reisten aus 16 Ländern an. Am 29. August 1897 begann die Veranstaltung im Konzertsaal des Stadtcasinos. Der Raum war festlich geschmückt und formelle Kleidung war vorgeschrieben, was damals hieß: Frack und Zylinder für die Herren, große Garderobe für die Damen, die übrigens kein Stimmrecht hatten. Eine weiße Fahne mit blauen Streifen, in der Mitte der Davidstern, als Symbol des Kongresses kreiert, grüßte die Teilnehmer am Portal, das Hoheitszeichen eines zukünftigen Judenstaats vorwegnehmend. Die Teilnehmer legitimierten sich nur durch ihr Bekenntnis zur zionistischen Idee; es hatte keine Wahlen oder Delegationsverfahren im Vorfeld gegeben.

Theodor Herzl, den die Versammlung zum Präsidenten wählte, hielt die mit Spannung erwartete Begrüßungsrede. Mit dem Pathos des Propheten sprach er von der Grundsteinlegung des jüdischen Hauses, appellierte an das Zusammengehörigkeitsgefühl aller Juden, warb um Verständnis für seine Vision vom Zionismus. Der Zionistenkongress in Basel war keine geheime Versammlung, er suchte vielmehr die Öffentlichkeit. Theodor Herzl beschwor die ganze Welt: «Nach fernen Ländern, ja über das Weltmeer wird in der nächsten Stunde die Nachricht von unseren Beratungen und Beschlüssen eilen. Darum soll Aufklärung und Beruhigung von diesem Congress ausgehen. Überall soll man erfahren, was der Zionismus … in Wirklichkeit ist: eine gesittete, gesetzliche, menschenfreundliche Bewegung nach dem alten Ziel der Sehnsucht unseres Volkes.»

An Gegnern fehlte es den Zionisten nicht. Sie kamen aus zwei ganz verschiedenen Lagern. Für den Patriotismus der assimilierten Juden, insbesondere in Deutschland, war die Vorstellung einer Auswanderung ins unwirtliche und ferne Palästina absurd. Erst die Verfolgung unter nationalsozialistischer Herrschaft beendete ihren Traum vom gemeinsamen deutschen Vaterland. Am ärgsten rückte der Wiener Satiriker Karl Kraus, ein unbedingter Anhänger der Assimilation, dem Vorkämpfer jüdischer Einigung und Staatsgründung in Erez Israel zu Leibe. Karl Kraus nannte Herzl spöttisch den «König von Zion» und fragte: «Welches gemeinsame Band soll jedoch die Interessen der deutschen, englischen, französischen, slawischen und türkischen Juden zu einem Staatswesen zusammenhalten? Ist der Glaube an die feuilletonistische Begabung des Herrn Dr. Herzl so stark, dass er über alle sprachlichen Differenzen hinweg staatsbildend wirkt?»

Auch aus den Kreisen der orthodoxen Juden schlug den Zionisten entschiedene Ablehnung entgegen. Der Einspruch des deutschen Rabbiner-Verbandes, formuliert in einer Erklärung am 6. Juli 1887, begründete mit religiösen und patriotischen Argumenten die Ablehnung des zionistischen Projektes: Die Bestrebungen der so genannten Zionisten widersprächen den messianischen Verheißungen des Judentums, das seine Angehörigen verpflichte, dem Vaterlande, dem sie angehören, mit aller Hingebung zu dienen und dessen nationale Interessen mit ganzem Herzen und mit allen Kräften zu fördern. Theodor Herzl verwahrte sich so energisch wie sarkastisch gegen die Koalition orthodoxer und liberaler Geistlicher, die er mit dem Titel «Protestrabbiner» belegte.

Die Idee des Zionismus war freilich nicht mehr aufzuhalten. Der Erste Zionistenkongress beschloss am 29. August 1897 das Baseler Programm, das die Besiedelung Palästinas mit jüdischen Ackerbauern und die Stärkung des jüdischen Volksgefühls vorsah. Ein jüdischer Nationalfonds sollte den notwendigen Boden erwerben, die zionistische Organisation die Wege durch Verhandlungen mit Regierungen ebnen. Ein langer Weg, gepflastert mit Enttäuschungen, Rückschlägen und Missverständnissen, musste bis zur Gründung des Staates Israel 1948 zurückgelegt werden. Die alten Vorbehalte gegen die Juden bestanden fort, Israelfeindschaft kam als neue Form dazu.

Zionismus blieb auch nach der Gründung Israels, als sein politisches Ziel erreicht war, die Vision einer nationalen Gemeinschaft aller Juden der Welt. Die zionistische Organisation besteht weiter und veranstaltet in der Tradition des ersten Baseler Treffens Kongresse. Unverständnis und traditionelle Judenfeindschaft haben die zionistische Idee bis in unsere Tage zum Zerrbild gemacht. Deshalb lohnt es umso mehr, sich der Anfänge zu erinnern. Der Philosoph und Religionswissenschaftler Martin Buber, 1878 in Wien geboren, 1938 nach Palästina ausgewandert, war ein Zionist der ersten Stunden. Delegierter auf vielen zionistischen Kongressen nach Basel, vertrat er die Ideale eines Zionismus der jüdisch-arabischen Verständigung. Dem zionistischen Kongress des Jahres 1921 in Karlsbad schlug er dieses programmatische Bekenntnis vor: «Das jüdische Volk, seit 2000 Jahren in allen Landen eine vergewaltigte Minderheit, wendet sich nun, da es wieder als Subjekt seiner Geschicke in die Weltgeschichte eintritt, mit Abscheu von den Methoden des Herrschaftsnationalismus ab, dessen Opfer es so lange war. Nicht um ein anderes Volk zu verdrängen oder zu beherrschen streben wir in das Land zurück, mit dem uns unvergängliche Bande verknüpfen und dessen heute so dünn bevölkerter Boden Raum genug für uns und für die ihn gegenwärtig bewohnenden Stämme bietet. Unsere Kolonisation, die der Rettung und Erneuerung unseres Volkstums allein gewidmet ist, hat ja nicht die kapitalistische Ausbeutung eines Gebietes zum Ziel und dient nicht irgendwelchen imperialistischen Zwecken. Ihr Sinn ist die schaffende Arbeit freier Menschen auf gemeinschaftlicher Erde.»

In jährlichen Kongressen, durch die Errichtung des Jüdischen Nationalfonds, der Jüdischen Nationalbank, des Palästinaamts (1908) in Jaffa als Einwanderungsagentur und den Bau der jüdischen Stadt Tel Aviv wurde das Projekt einer jüdischen Heimstatt in Palästina vorangebracht. Der Zionismus spaltete sich in verschiedene politische, religiöse und kulturelle Richtungen, aus

Not war er in Osteuropa stärker verankert als im Westen. Die deutschen Juden standen dem Zionismus bis in die NS-Zeit hinein mehrheitlich ablehnend gegenüber, weil sie sich in erster Linie als emanzipierte deutsche Patrioten (d. h. als Angehörige einer religiösen, nicht einer ethnischen Minderheit) fühlten. 1917 führten Verhandlungen zwischen zionistischen Vertretern und der britischen Regierung zur Balfour-Deklaration, in der Großbritannien größte Anstrengungen versprach, um die Gründung eines Judenstaats in Palästina zu ermöglichen. Das Land stand seit dem Ersten Weltkrieg unter britischer Militärverwaltung, 1922/23 übertrug der Völkerbund Großbritannien das Mandat über Palästina.

1929 wurde die Jewish Agency als jüdische Vertretung und Institution zur Errichtung eines nationaljüdischen Staates geschaffen. Der jüdischen Einwanderung standen aber energische Restriktionen der britischen Behörden gegenüber, nur nach geringen Quoten wurden jüdische Siedler ins Land gelassen, um die arabischen Einwohner nicht zu majorisieren. Die Spannung zwischen jüdischen Siedlern und Arabern verstärkten sich freilich trotz aller Verständigungsversuche. Palästina wurde wegen der britischen Politik dann auch nur in bescheidenem Maße rettende Zuflucht der verfolgten Juden während der nationalsozialistischen Zeit. Nach einem Plan der UNO 1947, der Palästina in einen jüdischen und einen arabischen Staat teilte (der von den Arabern abgelehnt wurde), wurde am 14. Mai 1948 der Staat Israel proklamiert und sofort von Krieg überzogen.

Die Sowjetunion hatte ursprünglich die zionistischen Pläne unterstützt und für die Gründung Israels gestimmt, dann aber mit dem ganzen Ostblock Partei für die arabischen Staaten ergriffen. Israel wurde zum Aggressor erklärt und Zionismus wurde zum Kampfbegriff. Das Zentralkomitee der Kommunistischen Partei der Sowjetunion verdammte den Zionismus 1971 mit den Worten: «Unsere Partei betrachtet den Zionismus nicht als nationale Strömung der Juden, für die sich der Zionismus ausgeben möchte, sondern als klassenfeindliche Kraft, die den Interessen der Werktätigen aller Nationalitäten ... gegenübersteht». Damit war Antizionismus als ideologische Waffe gegen

Israel (das in sowjetischen Augen als Stellvertreter für die US-Politik stand) instrumentalisiert.

Antizionismus war auch in der DDR Bestandteil der Staatsideologie. Das Ministerium für Staatssicherheit der DDR definierte zionistische Organisationen als «reaktionäre, nationalistische, rassistische, konterrevolutionäre, antisozialistische und antisowjetische politische Vereinigungen, die auf der Grundlage der zionistischen Ideologie, wie Chauvinismus, Rassismus und Expansion, von reaktionären imperialistischen Kreisen zur Verschärfung der internationalen Lage, zur Führung des Antisowjetismus und des Antikommunismus und zum Kampf gegen die sozialistischen Staaten und die nationale Befreiungsbewegung genutzt werden.» So zu lesen im «Wörterbuch der Staatssicherheit», das 1993 veröffentlicht wurde. Die Wirkungen dieser Diffamierung, die Antizionismus zu einer Spielart des Antisemitismus machte, sind immer noch zu spüren.

Zionismus wurde von Anfang an von Judenfeinden als jüdische Verschwörung missverstanden bzw. denunziert. Das Pamphlet, das unter dem Titel «Protokolle der Weisen von Zion» am Ende des 19. Jahrhunderts entstand, wurde (und wird immer noch) von Ahnungslosen und Böswilligen deshalb in Verbindung zum Baseler Zionistenkongress von 1897 gebracht. Der Titel des Pamphlets, das die wichtigste und einflussreichste Programmschrift antisemitischen Verschwörungsdenkens wurde und das in dieser Funktion seit dem Ende des 20. Jahrhunderts seine Renaissance erlebt, arbeitet zielbewusst mit Konnotationen zum Zionismus und denunziert ihn als geheimbündlerische Bestrebung zur Erringung der Macht über die Welt durch die Juden. So sollen mithilfe der «Protokolle der Weisen von Zion» die Juden als Verschwörer gegen die ganze Welt wahrgenommen werden.

## 3. Die Entstehung der «Protokolle der Weisen von Zion»

Herrmann Ottomar Friedrich Goedsche, 1815 geboren, preußischer Postsekretär außer Diensten und 1848–1874 Redakteur der ultrakonservativen preußischen Kreuzzeitung, nimmt in der Literaturgeschichte einen nur wenig ehrenvollen Platz auf den niederen Rängen ein. Viele seiner anonym und unter wechselnden Pseudonymen publizierten Werke sind verschollen und vergessen. Zwischen 1855 und 1880 erschienen, damals als Monumente der Trivialliteratur, aus seiner Feder die 35 Bände «Historisch-politische Romane aus der Gegenwart». Goedsches Markenzeichen für diese, vom Publikum goutierte und ebenso umfangreiche wie literarisch anspruchslose Produktion lautete «Sir John Retcliffe». Die Romane waren ein wirkungsvoller Versuch, einer breiten Leserschaft antiaufklärerische, antiliberale Überzeugungen als geschlossenes Weltbild zu vermitteln. Es handelte sich dabei um die Fortsetzung reaktionärer Agitation mit gefälligerem Instrumentarium als jener platten «Frivolität und Gemeinheit», den bevorzugten Stilmitteln des Journalisten Goedsche, gegen die auch die konservativen Leser der Kreuzzeitung immer wieder aufbegehrt hatten.

Goedsche alias Retcliffe, der 1878 in seiner Heimat Schlesien starb, ist später zu Recht mit seinem Werk untergegangen, aber ein Kapitel seines literarischen Schaffens hat als Plagiat überdauert. Es ist die nächtliche Szene auf dem Prager Judenfriedhof, ein Schlüsseltext zum Konstrukt der «jüdischen Weltverschwörung». Der Rahmen der Handlung ist schlicht. Ein junger Wissenschaftler aus Berlin (sein Gesicht «zeigte den germanischen Typus und schien gleichsam vergeistigt durch große Fähigkeit und Willensanstrengung der Seele») war nach Prag gereist, wohin ihn ein dubioser Italiener «jüdischen Ursprungs», Signor Lasali, eingeladen hatte. Der Doktor hatte dem Italiener

Jahre zuvor das Leben gerettet, Lasali wollte ihn zum Dank in die Geheimnisse der Kabbala – verstanden als Verschwörung der Juden gegen die Welt – einführen. Der zwielichtige Mailänder Lasali, gezeichnet als getaufter Jude ohne moralische Skrupel, als Verräter jüdischer Geheimnisse, und der edle Gelehrte aus Deutschland werden Zeugen des Komplotts der Juden.

Erstmals 1868 erschienen, fasst die Szene auf dem Prager Judenfriedhof gängige Topoi zusammen, die damals jedermann mit Kenntnissen aus Christenlehre und Religionsunterricht assoziativ einordnen konnte: die zwölf Stämme Israels, der Hohe Rat der Juden, die Auserwähltheit des jüdischen Volkes, die «Geheimwissenschaft der Kabbala». Im mystischen Dunkel geheimbündlerischer Umtriebe treffen sich alle hundert Jahre Vertreter der zwölf jüdischen Stämme am Grabe «des Meisters der Kabbala» Simeon ben Jehuda in Prag, um Rat zu halten und den Stand jüdischer Welteroberung zu erörtern. Die Stämme Israels sind mit den Namen moderner europäischer Metropolen verknüpft und zeigen damit die vermutete Durchdringung der Welt nach jüdischem Anspruch. Der Romanautor Goedsche bringt das Kunststück fertig, die ganze politische und ökonomische Entwicklung Mitte des 19 Jahrhunderts kausal auf organisierte Aktivitäten der jüdischen Minderheit in Europa zurückzuführen. Die Verbindung von Verschwörungsdenken und erklärungsbedürftigen aktuellen Problemen der Zeit ist so wirkungsvoll, dass die fiktive Szene Eigenleben gewinnt, als Realität genommen und in Sonderausgaben kolportiert wird.

Zur literarischen Technik gehören Duktus und Attribute der Erzählung. Grammatik, Syntax und Wortstellung sollen Authentizität erzeugen durch Assoziation, d. h. die «Sprache der Juden» wird imitiert und der Text ist angereichert durch Begriffe aus der jüdischen Kultur, die in bestimmter Absicht eingesetzt werden. Ein zentraler Terminus ist die geheimnisumwitterte «Kabbala», die Bezeichnung der jüdischen religiösen Mystik, die Geheimnisse der Bibel zu ergründen sucht. Wie im Christentum oder im Islam ist Mystik eine nach innen gerichtete Form religiösen Lebens. Die Anhänger mystischer Bewegungen, deren religiöse Inbrunst bis zur Ekstase reichen mag, als deren Leitfiguren im Christentum Bernhard von Clairvaux, Hildegard von Bingen oder Franz von Sales stehen, im Islam die Anhänger des Sufismus, in Indien die Vertreter der Lehre des Vedanta, haben, gleich welcher Religion sie zugehören, ein Ziel: das Eindringen in die Geheimnisse des Glaubens, die Annäherung an Gott durch Läuterung und Versenkung. Mystischen Bewegungen gilt Frömmigkeit und Verinnerlichung des Religiösen mehr als die rationale Weltsicht und die Geheimnisse der Religion gewinnen möglicherweise in jedem Mystizismus Eigenleben. Aber mystische Bewegungen sind deshalb keine Geheimgesellschaften mit obskuren Zielen. Genau dies aber ist die Assoziation, die mit der Erwähnung der Kabbala (wörtlich übersetzt: «Überlieferung») hervorgerufen werden soll; über die Denunziation einer Frömmigkeitsbewegung sollen die Religion und die Kultur, für die sie steht, diffamiert werden. Ein anderes Beispiel für den Einsatz von Begriffen aus der jüdischen Kultur ist der Sanhedrin. Das Wort, ursprünglich die Bezeichnung für den jüdischen Gerichtshof in der Antike und in erweitertem Sinne für jüdisches Strafrecht, wurde von Napoleon säkularisiert, als er 1807 zur Regelung strittiger Fragen im Verhältnis von Staat und Religion eine Konferenz aus Rabbinern und jüdischen Laien einberief. Im Wortschatz der Judenfeinde wurde Sanhedrin dann zum Synonym jüdischer Absonderung und Geheimbündlerei; als Tribunal der Juden gegen die Welt der Nichtjuden fand der Begriff seinen Platz im verschwörungsgläubigen Denken des Antisemitismus.

In Goedsches Roman «Biarritz» enthält die Ansprache des Vorsitzenden aus dem Stamme Levi als zentrale Botschaft die Begründung des Anspruchs auf jüdische Weltherrschaft: «Achtzehnhundert Jahre führt das Volk Israels den Kampf um die Herrschaft, die Abraham versprochen worden und die das Kreuz uns entrissen. Unter den Sohlen unserer Feinde, unter Druck und Tod und Bedrängnis jeder Art hat Israel niemals diesen Kampf aufgegeben, und weil das Volk Abrahams zerstreut worden über die ganze Erde, wird die ganze Erde auch ihm gehören! Die weisen Männer unseres Volkes leiten den Kampf seit Jahrhunderten, und Schritt um Schritt erhebt sich das Volk Israels von seinem Sturz, und gewaltig ist die Macht geworden, die es offen und geheim ausübt, bereits über die Throne und Völker; denn unser ist der Gott der Erde, den Aaron uns tröstend gemacht in der Wüste, das goldene Kalb, vor dem sich beugen die Abtrünnigen! ... Wenn alles Gold der Erde unser ist, ist alle Macht unser. Dann ist die Verheißung, die Abraham gegeben ward, erfüllt. Das Gold ist das neue Jerusalem – es ist die Herrschaft der Welt. Es ist Macht, es ist Vergeltung, es ist Genuß – also alles, was die Menschen fürchten und wünschen. Das ist das Geheimnis der Kabbala, der Lehre von dem Geist, der die Welt regiert, von der Zukunft! Achtzehn Jahrhunderte haben unseren Feinden gehört – das neue Jahrhundert gehört Israel. Zum fünften Mal versammeln sich in dem tausendjährigen Kampf, zu dem wir uns endlich ermannt, die Wissenden des geheimen Bundes an dieser Stätte, Rat zu pflegen über die besten Mittel, welche die Zeit und die Sünden unserer Feinde bieten, und jedesmal hat der neue Sanhedrin seit fünfhundert Jahren fortschreitende Siege Israels zu verkünden gehabt. Doch noch kein Jahrhundert erfreute sich solcher Erfolge, wie dieses. Darum dürfen wir glauben, daß die Zeit nahe ist, nach der wir streben, und dürfen sagen: unser ist die Zukunft!»

Nach einer Bilanz jüdischen Kapitals auf den Börsen der Welt beschreiben die Vertreter der Stämme Israels beim nächtlichen Treffen in Prag die Methoden zur Erringung der Weltherrschaft: Staatsverschuldung, Erwerb von Grundbesitz, Herabdrücken der Handwerker zu Industriearbeitern, Untergraben der christlichen Kirchen, Schwächung des Militärs, Stärkung jeder Art von Revolution, Eroberung allen Handels, des öffentlichen Dienstes, der Kultur, Zerstörung der Moral. Als letzter Redner wird der Vertreter des Stammes Manasse aufgerufen. «Seine Stimme war schnarrend und unangenehm und voll Anmaßung und Dreistigkeit»: «Wenn das Gold die erste Macht der Welt ist, so ist die Presse die zweite. Was sind alle die Meinungen und Ratschläge, die hier gegeben worden, ohne ihren Beistand! Nur wenn wir haben die Presse in unserer Hand, werden wir kommen zum Ziel. Unsere Leute müssen regieren die Tagespresse. Wir sind gewandt und schlau und besitzen Geld, das wir unsern

Zwecken dienstbar zu machen verstehen. Wir müssen haben die großen politischen Zeitungen, welche machen die öffentliche Meinung, die Kritik, die Straßenliteratur, die Telegramme und die Bühne. Wir werden daraus verdrängen Schritt um Schritt die Christen, dann können wir diktieren der Welt, was sie glauben, was sie hochhalten und was sie verdammen soll. Wir werden ertönen lassen in hundert Formen den Wehschrei Israels und die Klage über die Unterdrückung, die auf uns lastet! Dann – während jeder einzelne ist gegen uns – wird die Masse in ihrer Torheit sein immer für uns! Mit der Presse in unserer Hand können wir verkehren Recht in Unrecht, Schmach in Ehre. Wir können erschüttern die Throne und trennen die Familie. Wir können untergraben den Glauben an alles, was unsere Feinde bisher hochgehalten. Wir können ruinieren den Kredit und erregen die Leidenschaften. Wir können machen Krieg und Frieden, und geben Ruhm oder Schmach. Wir können erheben das Talent oder es niederhetzen und verfolgen und zu Tode schweigen. Wer die Presse hat, hat das Ohr des Volkes. Wenn Israel hat das Gold und die Presse, wird es fragen können: an welchem Tage wollen wir aufsetzen die Ataroch [Krone], die uns gebührt, besteigen den Chisse [Thron] der Verheißung und schwingen den Schebet [das Szepter] der Macht über alle Völker der Erde!»

Die Szene aus Goedsches Schauerroman wurde zum Nukleus der modernen Verschwörungsmythologie. Das Streben nach jüdischer Weltherrschaft, der Kampf der Juden gegen die Mehrheit, die Fixiertheit der Juden auf materielle Werte, das Beharren auf religiöser und kultureller Eigenart, auf eigener Sitte und eigenem Brauch, auf eigener Sprache und der – nach der Behauptung der Judenfeinde – durch religiöses Gebot sanktionierten Nichtgeltung ethischer Normen der Mehrheit für die jüdische Minderheit fassen alle Topoi des Judenhasses zusammen. Die fiktionale Szene auf dem Prager Judenfriedhof bildet den leicht fasslichen Kern der Legende von der jüdischen Verschwörung gegen alle anderen.

Schwülstige Diktion und pompöse Phraseologie sind als Stilmittel bewusst eingesetzt, sie suggerieren, wie der Leser sich den Diskurs unter Hohepriestern vorzustellen hat. Die «Enthüllung aus der jüdischen Welt» soll glaubwürdig und authentisch wirken, sie ebnet der trivialliterarischen Fiktion den Weg zum «Dokument». 1881 erscheint die Geschichte auch in eigener Form, als «Rede eines Großrabbiners in geheimer Versammlung», in einer französischen Zeitschrift. Übersetzungen dieses Textes in viele europäische Sprachen folgen. Sie begründen eine Sonderform der Legende über die jüdische Weltverschwörung.

Der Agitator Goedsche hat den Mythos von der jüdischen Weltverschwörung nicht erfunden, aber er hat erheblich dazu beigetragen, die Denkfigur in der modernen Welt populär zu machen, weil er eine literarische Schablone lieferte, die unbegrenzt genutzt werden konnte und immer noch genutzt werden kann. Es brauchte freilich noch weitere Ingredienzen, und es bedurfte vieler Hände, um das säkulare «Beweisdokument» des vermeintlichen Strebens der Juden nach Weltherrschaft, die «Protokolle der Weisen von Zion», zu fabrizieren. Zum Fonds der Verschwörungstheorie steuerte 1797 Abbé Augustin Barruel ein fünfbändiges Werk «Mémoire pour servir à l'histoire du Jacobinisme» bei, in dem er die Französische Revolution als Inszenierung von Freimaurern und Philosophen erklärte. Der Abbé begründete damit eine Tradition, die die Französische Revolution sowohl als Resultat jahrhundertelanger Verschwörungen als auch als Beginn aller modernen Übel wie Liberalismus und Demokratie stigmatisierte. Beginnend mit dem 1314 aufgelösten Templerorden, den Barruel als Geheimgesellschaft weiter bestehen ließ, deren Ziel nach der Vernichtung des Papsttums und aller Monarchien die Errichtung einer libertinären Weltherrschaft sein sollte, beschrieb der fromme Mann alle ihm verdächtigen Organisationen, von den Freimaurern bis zu den Illuminaten unter Einschluss der Enzyklopädisten Diderot und d'Alembert und des Philosophen Voltaire (die eine geheime Akademie gebildet hätten).

Die Illuminaten, jene von Adam Weishaupt, einem jungen Professor für Kirchenrecht und Philosophie (der gegen die Jesuiten in Opposition stand), an der Universität Ingolstadt im 18. Jahrhundert gegründete aufklärerische Gesellschaft, die

1786 nach kaum zehn Jahren Existenz von der Obrigkeit schon wieder aufgelöst worden war, findet man bis zum heutigen Tag in allen Zusammenhängen, die mit paranoiden Verschwörungstheorien konstruiert werden, um den geheimen Verlauf der Weltgeschichte zu erklären. Nach Barruel sollen die Illuminaten die zur Revolution von 1789 führenden Verabredungen gesteuert und als Werkzeug der Revolution die Jakobiner angeleitet haben. Tatsächlich war der Bund der Illuminaten eine Vereinigung radikaler Aufklärer, die dem Ideal eines Staates der Vernunft und der Moral anhingen und dem absolutistischen Staat und seiner feudalen Gesellschaft die Idee der bürgerlichen Verantwortung für das Gemeinwesen entgegensetzten. Neben Weishaupt, der den Typus des Gelehrten vertrat, nicht den des Revolutionärs, spielte der aufklärerische Schriftsteller Adolf Freiherr Knigge eine zentrale Rolle. Die Illuminaten waren wichtig als Bewegung der politischen Emanzipation des Bürgertums – eine terroristische Untergrundbewegung, als die sie immer noch Faszination ausüben, waren sie nicht.

Barruel hatte mit seinem Werk großen Erfolg, es wurde mehrfach übersetzt und brachte ihm auch materiellen Gewinn. Einige Jahre später entstand ein weiteres Manifest des Judenhasses in Gestalt eines Briefes, den ein Hauptmann Jean-Baptiste Simonini aus Florenz an Barruel schrieb. Über den Verfasser weiß man nichts, möglicherweise hat er gar nicht existiert, denn Recherchen deuten darauf hin, dass das Dokument 1806 von der französischen politischen Polizei unter Joseph Fouché fabriziert wurde, um Napoleon gegen die Juden einzunehmen. Wie dem auch sei, der Simonini-Brief wurde vielfach als Beweis für die Bösartigkeit der Juden publiziert und als antisemitisches Schlüsseldokument kanonisiert. Simonini ergänzte die Beschuldigungen Barruels an die Adresse der Freimaurer und anderer «geheimer Sekten» durch die Behauptung, «die Juden» seien die furchtbarste Macht als Wegbereiter des Antichrist und hätten deshalb entscheidend an der Vorbereitung der Französischen Revolution mitgewirkt. Mancherlei «Beweise» werden im Simonini-Brief angeführt, so die Behauptung, die katholische Kirche sei jüdisch unterwandert, allein in Italien seien über

800 Geistliche, unter ihnen Bischöfe und andere hohe Würdenträger, Juden.

Die Wirkung der Unterstellungen Barruels und Simoninis setzte erst um die Mitte des 19. Jahrhunderts ein, als der moderne Antisemitismus als «Gegenwissenschaft» (Peter Pulzer) in Deutschland, Österreich und Frankreich zu blühen begann. Zur Schärfung der judenfeindlichen Tendenz des Verschwörungs-Konstruktes trugen auch der angebliche Brief der jüdischen Gemeinde von Arles an die Juden von Konstantinopel aus dem Jahr 1489 sowie etliche esoterische Schriften vom Anfang des 19. Jahrhunderts über das drohende Erscheinen des Antichrist bei, aber auch Alexandre Dumas' Roman «Giuseppe Balsamo», der von einem Komplott der Illuminaten handelt, das Goedsche in die Judenverschwörung des Prager Friedhofs verwandelte.

Das infamste Plagiat, bei dem der ursprüngliche Text gar in sein Gegenteil verdreht wurde, geschah auf Kosten eines Buches von Maurice Joly, das 1864 in Brüssel erschienen war. Sein «Dialog in der Unterwelt» über Liberalismus und Despotie, geführt von Montesquieu als dem Vertreter der aufklärerischen Ideen der Französischen Revolution und Machiavelli als dem Advokaten einer moralfreien politischen Tyrannei, war eine Streitschrift gegen das autoritäre Regime Napoleons III. Unter ganz neuen Vorzeichen mit entgegengesetzter Tendenz entwickelte Jolys Text ein Eigenleben als Plagiat.

Maurice Joly (1833–1878), Freigeist, Revolutionär, zeitweilig im französischen Staatsdienst, dann Anwalt, zeitlebens in ärmlichen Verhältnissen, fasste als Beobachter der politischen Szene 1863 den Plan, ein Buch zu schreiben, «das die entsetzlichen Breschen aufzeigen sollte, welche die kaiserliche Gesetzgebung in alle Zweige der Verwaltung geschlagen hatte, und die Abgründe, die sie aufgerissen, indem sie sämtliche öffentlichen Freiheiten mit Stumpf und Stiel ausmerzte».

Einem knappen autobiographischen Text «Rechenschaft im Kerker» zufolge, den Joly 1870 im Gefängnis verfasste, wählte er für sein Buch eine Form, die dem «sarkastischen Geist» der Franzosen besser entsprach als die strenge Abhandlung. «Lebende oder Tote sich über die gegenwärtige Politik unterhalten zu lassen – das war die Idee, die mir kam.» (Tatsächlich war das Totengespräch eine längst etablierte Gattung der Literatur.) Da der französische Drucker rasch erkannte, dass die Schrift ein Angriff auf Napoleon III. war, und die Herstellung des Buches abbrach, ließ Joly es in Brüssel erscheinen und sorgte mit beträchtlichem Aufwand dafür, dass es als anonyme Schrift in Frankreich Aufsehen erregte. Die Leute rissen den Kolporteuren die Exemplare aus den Händen. Die aufklärerische Absicht schien erreicht, wie Joly in seiner «Rechenschaft im Kerker» 1870 schrieb: «Machiavelli als Verkörperung der Gewaltpolitik neben Montesquieu, der die Politik des Rechts vertritt; und Machiavelli sollte Napoleon III. sein, der höchstpersönlich seine abscheuliche Politik darstellen würde». Joly wurde verraten und zu 18 Monaten Gefängnis verurteilt, die er 1866 und 1867 verbüßte (sein späterer Gefängnisaufenthalt unter dem Regime der Commune beruhte auf einer Denunziation, die mit dem Buch von 1864 keinen Zusammenhang hatte).

Das Konstrukt aus Plagiaten und Fiktionen wurde unter dem Titel «Die Protokolle der Weisen von Zion» bekannt, wobei trotz philologischer und historischer Forschung und gründlicher juristischer Beweiserhebung die Urheber des Pamphlets – im Gegensatz zu den Verbreitern – im Dunkeln blieben. Die Person, die die «Protokolle der Weisen von Zion» aus unterschiedlichen Vorlagen (40 Prozent des Textes musste Joly unfreiwillig beisteuern) kompiliert hat, ist unbekannt. Die Propagandisten der «Protokolle» haben, um die unbestreitbaren Übereinstimmungen zu rechtfertigen, Joly zum Juden zu machen versucht, als sei damit irgendetwas erklärt. Die Annahme, es existiere eine ursprüngliche Textversion als Ergebnis der Falsifizierung des Joly-Buches und der tendenzstiftenden Hinzufügungen war eine wichtige Forschungshypothese. Henri Rollin (1885–1955), ursprünglich Offizier, dann Historiker, leistete damit Pionierarbeit, auf die sich alle weitere Forschung stützt. Sein Buch «L'Apocalypse de notre temps» erschien 1939 in Paris, es wurde bald darauf von der deutschen Besatzung unterdrückt. Der Klassiker ist seit 1991 in einer Neuausgabe zugänglich. Das «missing link» der Entstehung der «Protokolle» wurde nie aufgefunden, eine Tatsache, die die Phantasie der Antisemiten immer noch beflügelt, wann immer die «Echtheit» der «Protokolle» zur Debatte steht. Dass die Schrift um die Jahrhundertwende entstand, dass Spuren nach Frankreich führen, dass russische Hände im Spiel waren, ist indessen unstrittig.

Die Methode des Plagiats, bei der unter Beibehaltung der Diktion die Intention der Vorlage in ihr Gegenteil verkehrt wurde, zeigt die folgende Gegenüberstellung. Die erste Passage steht in Jolys Buch, also im Original. Im zwölften Gespräch lässt Joly Machiavelli gegenüber Montesquieu demagogische Vorstellungen über die Manipulation der öffentlichen Meinung durch eine gelenkte Presse im despotischen Staat entwickeln «Ich eröffne nun die Möglichkeit, die Presse durch die Presse niederzuhalten. Da der Journalismus eine so große Macht ist, wissen Sie, was meine Regierung tun wird? Sie wird sich selbst journalistisch betätigen, und das wird dann ein Journalismus, der Hand und Fuß hat. [...] Ich werde die Blätter zählen, die die sogenannte Opposition darstellen. Wenn zehn Zeitungen Opposition machen, werde ich zwanzig haben, die für die Regierung eintreten, wenn zwanzig, dann werde ich vierzig, wenn vierzig, dann werde ich achtzig haben. [...] die große Masse des Volkes darf von dieser Taktik nichts merken. [...] Wie der Gott Wischnu wird meine Presse hundert Arme haben, und diese Arme werden über das ganze Land hin ihre Hände den Vertretern aller politischen Richtungen reichen. Man wird für mich Partei ergreifen, ohne es zu wissen. Wer da glaubt, seine eigene Sprache zu sprechen, spricht doch nur die meine. Wer da meint, in seinem eigenen Interesse zu agitieren, betreibt nur das meine. Alle, die unter ihrer eigenen Fahne zu marschieren glauben, marschieren unter der meinen.»

Bis hin zum Bild der indischen Gottheit Wischnu folgt das Plagiat der Vorlage. In den «Protokollen der Weisen von Zion» erscheint die Passage – in der zwölften Sitzung – nun als Absichtserklärung der Juden formuliert: «Zeitschriften und Zeitungen sind die beiden wichtigsten Mittel zur Beherrschung des Geisteslebens. Aus diesem Grunde wird unsere Regierung das

Eigentumsrecht der meisten Zeitungen und Zeitschriften erwerben. Sie wird damit vor allem den schädlichen Einfluß der nicht amtlichen Presse ausschalten und auf den Geist und die Stimmung des Volkes in nachhaltigster Weise einwirken. Auf je zehn Zeitungen oder Zeitschriften, die uns fern stehen, werden dreißig kommen, die wir selbst gegründet haben. Das darf natürlich in der Öffentlichkeit nicht bekannt werden. Unsere Zeitungen und Zeitschriften sollen daher äußerlich den verschiedensten Richtungen angehören, sich sogar gegenseitig befehden, um das Vertrauen der ahnungslosen Nichtjuden zu erwerben, sie alle in die Falle zu locken und unschädlich zu machen. [...] Sie werden, wie der indische Götze Wischnu, hundert Hände haben, von denen jede den Pulsschlag irgendeiner Geistesrichtung fühlen wird. [...] Jene Dummköpfe, die die Meinung ihres Parteiblattes zu vertreten glauben, werden in Wirklichkeit nur unsere Meinung nachsprechen oder doch wenigstens diejenige Meinung, die uns gerade paßt. Sie bilden sich ein, die Richtlinien ihrer Partei zu verfolgen, und merken nicht, daß sie hinter der Flagge marschieren, die wir ihnen vorantragen.»

Ein weiteres Beispiel für die Technik des Plagiats stammt aus dem siebten Gespräch des «Dialogue aux Enfers entre Machiavel et Montesquieu» von Maurice Joly. Dort sagt Machiavelli: «Nur auf dem Wege der Verordnung werde ich beispielsweise riesige Finanzmonopole errichten, Aufspeicherungen des Volksvermögens, von denen das Schicksal aller Privatvermögen derart unmittelbar abhängen müßte, daß sie am ersten Tage nach einer politischen Katastrophe ebenso verschwinden müßten wie der Staatskredit. Sie sind Volkswirtschaftler, Montesquieu, schätzen Sie also selbst die Tragweite dieses Gedankens ab.»

In den «Protokollen der Weisen von Zion» findet sich die Abwandlung der Passage in der «sechsten Sitzung»: «Sehr bald werden wir uns im Tauschverkehre riesige Alleinrechte (Monopole) sichern, die jeden fremden Wettbewerb ausschließen und für uns eine Quelle gewaltigen Reichtums bilden werden. Von diesen jüdischen Alleinrechten werden selbst die großen Vermögen der Nichtjuden in einer Weise abhängen, daß sie am ersten Tage nach dem großen Zusammenbruche der alten Regierung ebenso verschwinden werden wie das in die Zahlungsfähigkeit der Staaten gesetzte Vertrauen (Staatskredite). Ich bitte die hier anwesenden Volkswirte, die Bedeutung dieses Gedankens richtig abzuschätzen.»

Auch das Motiv zur Herstellung des antisemitischen Konstrukts ist nicht endgültig geklärt. Der russische Finanzminister Sergej Witte war als Modernisierer, der kurz vor der Jahrhundertwende die russische Wirtschaft durch Aufhebung der tradierten Agrarordnung zu reformieren begann, Ziel heftiger Angriffe des reformbedrohten Landadels. Möglicherweise diente Jolys Satire auf Napoleon III. am Ende des Jahrhunderts den Feinden Wittes als Vorlage zu einer Streitschrift. Der Historiker Norman Cohn hat einen solchen Feind in der Person des Russen Elie de Cyon, der als Journalist in Paris lebte, namhaft gemacht. Cohn stellte eine weitere Hypothese auf, nach der ein notorischer Fälscher und politischer Abenteurer, der zeitweilig das Pariser Büro der zaristischen Geheimpolizei «Ochrana» leitete, Pjotr Iwanowitsch Ratschkowski, anschließend im Auftrag Wittes den Spieß umdrehte und die antisemitische Fälschung aus der jetzt schon mehrfach verwendeten und veränderten Vorlage fabrizierte. Die Motive bleiben so unklar, wie die Beweise für die Entstehungs-Hypothese Norman Cohns fehlen. Es gibt freilich auch keine plausibleren Erklärungen. Im November 1999 berichteten die Washington Times und die französische Wochenzeitung L'Express über die Forschungen eines russischen Historikers, Michail Lepechin, der in Archiven der Sowjetunion recherchiert hatte und beanspruchte, die Autorschaft der «Protokolle» geklärt zu haben. Matwej Golowinski soll 1898 der Autor gewesen sein, ein ehrgeiziger junger Mann aus einer verkrachten russischen Aristokratenfamilie in Diensten der russischen Geheimpolizei, der in Frankreich lebte.

Angesichts der Wirkung der «Protokolle» ist die Frage nach der Person des Urhebers aber allenfalls zweitrangig. Die Genese der Schrift ist jedenfalls, und dasselbe gilt auch für die besser belegte Textgeschichte, weitaus weniger relevant als die Wirkungsgeschichte des Konstrukts, die noch keineswegs abgeschlossen ist. Sicher ist, dass die «Protokolle der Weisen von

Zion» kurz vor dem Ende des 19. Jahrhunderts – wohl 1898 – auf russische Veranlassung entstanden sind und mit etlichen Varianten sowohl des Textes wie des Titels rasch große Verbreitung fanden. Der Titel «Protokolle» suggeriert Faktizität und Authentizität durch die Vorstellung, es werde etwas dokumentiert, das auf förmlicher Verabredung beruhe. Neben der am häufigsten auftauchenden Bezeichnung «Protokolle» ist der Text auch unter dem Rubrum «Geheimnisse» oder «Richtlinien» verbreitet.

Den Kern der Verschwörungslegende bildet das Streben einer geheimen jüdischen Verbindung, einer Art Untergrundregierung, nach Weltherrschaft, die insbesondere mithilfe von Liberalismus und Demokratie durch Zersetzung überkommener (autoritärer) Strukturen herbeigeführt werden soll. Essentiell, auch für die Wirkung des Konstrukts, ist die Vermutung, dass die jüdische Geheimgesellschaft als Exponent und im Auftrag der Gesamtheit aller Juden agiert. Das stigmatisiert jeden einzelnen Juden als Teil einer gefährlichen Verschwörung und macht das Pamphlet zur schlimmsten Waffe des Antisemitismus.

Die Legende ist – entsprechend der propagandistischen Notwendigkeit, leicht fassliche Welterklärungen zu bieten – einfach gestrickt. Die angebliche jüdische Generalabsicht wird in Schlüsselsätzen verkündet: «In den Händen der gegenwärtigen Regierungen befindet sich eine große Macht, welche die Gedankenbewegung im Volke hervorruft – die Presse. Sie hat die Aufgabe, auf angeblich notwendige Forderungen hinzuweisen, die Klage des Volkes zum Ausdruck zu bringen, Unzufriedenheit zu äußern und zu erwecken. In der Presse verkörpert sich der Triumph des Geredes von der Freiheit. Aber die Regierungen verstanden es nicht, diese Macht zu benutzen, und so fiel sie in unsere Hände. Durch die Presse kamen wir zu Einfluß und blieben doch selbst im Schatten; dank ihr haben wir Berge von Gold in unsere Hände gebracht, ohne uns darum zu kümmern, daß wir es aus Strömen von Blut und Tränen schöpfen mußten.»

Technik und Methode der «jüdischen Verschwörer» werden an einem weiteren Beispiel – auch dies wie der ganze Text im Bekennerton deklamiert – deutlich: «Um die Machthaber zum

Mißbrauche ihrer Gewalt zu veranlassen, haben wir alle Kräfte gegeneinander ausgespielt, indem wir ihr liberales Streben nach Unabhängigkeit entwickelten. Wir suchten in diesem Sinne jegliche Unternehmenslust zu beleben, wir rüsteten alle Parteien aus, wir machten die herrschende Macht zur Zielscheibe allen Ehrgeizes; aus den Staaten machten wir Kampfplätze, auf denen sich Aufstände abspielen; nur noch wenig Geduld, und die Aufstände und Zusammenbrüche werden eine allgemeine Erscheinung bilden. Unermüdliche Schwätzer haben die Sitzungen der Volksvertretungen und der Staatsverwaltung in Schauplätze für Rednerturniere verwandelt. Freche Zeitungsschreiber, gewissenlose Schmähschriftsteller fallen täglich über die Vertreter der Regierung her. Der Mißbrauch der Macht lockert schließlich die Grundstützen des Staates und bereitet ihren Zusammenbruch vor. Alles wird unter den Schlägen einer aufgepeitschten Masse zertrümmert werden.» Antiegalitäre Affekte gegen «die Massen» sind mit antidemokratischen und antiliberalen Motiven (Argwohn gegen Volksvertretung und Presse) amalgamiert und bedienen verbreitete reaktionäre Vorurteile. Die *topoi* «Volksverräter» und «Lügenpresse» artikulieren im populistischen Spektrum der Politikverdrossenheit («Pegida» und «Alternative für Deutschland») genau diese Vorbehalte unter weitgehender taktischer Vermeidung antisemitischer Invektive.

Die «Macht der Verschwörer» ist in den «Protokollen» in Drohungen dokumentiert, die das Bild vom Staat im Staat bzw. die unbegrenzte überstaatliche Potenz einer geheimen Weltregierung projizieren: «Wir sind außerdem Meister der Kunst, die Massen und einzelne Persönlichkeiten durch geschickte Bearbeitung in Wort und Schrift, durch gewandte Umgangsformen und allerlei Mittelchen, von denen die Nichtjuden keine Ahnung haben, nach unserem Willen zu leiten. Unsere Verwaltungskunst beruht auf schärfster Beobachtung und Zergliederung, auf solchen Feinheiten der Schlußfolgerung, daß niemand mit uns in Wettbewerb treten kann. Auch in der Anlage unserer staatsmännischen Pläne und in der Geschlossenheit und Macht unserer Geheimbünde kann sich niemand mit uns messen. Nur die Jesuiten könnten allenfalls mit uns verglichen werden; doch wir verstanden es, sie in den Augen der gedankenlosen Massen herabzusetzen, weil sie eine sichtbare Körperschaft bilden, wir selbst aber mit unserer geheimen Körperschaft im Schatten blieben. Ist es übrigens für die Welt nicht gleichgültig, wer sie beherrscht: das Haupt der katholischen Kirche oder unser Gewaltkönig vom Blute Zion. Für uns, das auserwählte Volk, ist das freilich durchaus nicht gleichgültig.»

Antimodernistische Emotionen werden, in Verbindung mit der Unterstellung ökonomischer Penetration der Welt durch jüdisches Kapital, mit der kuriosen Vorstellung vom äußersten Machtmittel der Juden in Gang gesetzt, das sie anwenden wollen, wenn ihre Pläne fehlschlagen sollten: «Sie könnten einwenden, daß die Nichtjuden mit der Waffe in der Hand über uns herfallen werden, sobald sie vor der Zeit entdecken, wie alles zusammenhängt. Für diesen Fall haben wir ein letztes, furchtbares Mittel in der Hand, vor dem selbst die tapfersten Herzen erzittern sollen. Bald werden alle Hauptstädte der Welt von Untergrundbahnen durchzogen sein. Von ihren Stollen aus werden wir im Falle der Gefahr für uns die ganzen Hauptstädte mit allen Einrichtungen und Urkunden in die Luft sprengen.»

In Deutschland wurde aus aktuellem Anlass im Sommer 2016 die Frage nach der Echtheit der Protokolle wieder aufgeworfen. Für die populistisch-reaktionäre «Alternative für Deutschland» (AfD) wurde im März 2016 Wolfgang Gedeon in den Landtag von Baden-Württemberg gewählt. Im Mai legte er einen Entwurf zum Parteiprogramm vor, der allerdings nicht einmal diskutiert wurde. Darin warnte Gedeon vor einem «Zionismus durch die Hintertür». Von Beruf Arzt, schreibt er aus Leidenschaft Bücher, in denen er seine fundamentalistische Weltanschauung, die Abneigung gegen Linke, Grüne, Homosexuelle, Muslime und Juden mit Lesefrüchten und eigenen Grübeleien garniert. Er nennt sich deshalb Philosoph und Politiker. «Die Protokolle der Weisen von Zion» bezeichnet Gedeon in einem Buch, das er unter dem Titel «Der Grüne Kommunismus» 2012 veröffentlichte, als eine ernsthafte Quelle. Mit seiner Sympathie für die «Protokolle» präsentiert sich Gedeon als «lupenreiner Antisemit» (taz). Registriert hat das in der Partei AfD anscheinend keiner, jedenfalls nicht missbilligt. Als öffentlich wurde, wes' Geistes Kind der philosophierende Mediziner ist, forderten Parteigenossen seinen Ausschluss aus der Fraktion. So hieß es wenigstens. Dann aber wurde Gedeon lediglich rechts außen am Katzentisch platziert und eine Entscheidung vertagt bis ein wissenschaftliches Gutachten geklärt habe, ob es sich bei den «Protokollen der Weisen von Zion» um ein judenfeindliches Konstrukt handle, der Abgeordnete Gedeon damit ein Antisemit sei und deshalb die Fraktion verlassen müsse.

Da der Antisemitismusvorwurf im politischen und sozialen Zusammenhang zu denjenigen Beschuldigungen zählt, welche Reputation und Karriere mit am Stärksten beeinträchtigen, ist die Neigung, zu verharmlosen und zu verleugnen, besonders groß. Dies zeigt sich immer wieder aufs Neue und eindeutige Einsichten der Antisemitismusforschung wiegen gering gegenüber dem Eifer, Schaden von Personen oder Institutionen abzuwenden. Erst müsse man klären, was Antisemitismus denn sei und dann entscheiden, ob im betreffenden Fall der Verdacht begründet sei, so die Standardabwehr. So war es auch in der causa Gedeon, als die Stuttgarter AfD-Fraktion meinte, Gutachten bei Experten bestellen zu müssen, um den Fall zu klären. Die Stuttgarter Fraktion zerbrach ohne eine wissenschaftliche Klärung, ob Antisemitismus vorliege und wie die Tatsache zu bewerten sei, dass ein Schlüsseldokument der Judenfeindschaft von einem Abgeordneten eines demokratischen Parlaments als seriöse Quelle verteidigt wird.

Gedeon sieht einen gefährlichen Zionismus am Werk, der in Deutschland in Gestalt des Zentralrats der Juden und anderer Institutionen Privilegien genießt und mit der jüdischen Machtergreifung weit vorangeschritten ist: «Institutionen wie der Zentralrat der Juden haben in Deutschland eine parastaatliche Funktion und genießen mit anderen entsprechenden Organisationen wie dem Jüdischen Weltkongreß (WJC) oder dem Simon-Wiesenthal-Zentrum innerhalb der politischen Klasse Deutschlands eine höhere Autorität als der Bundespräsident – so viel zur Handschrift des Zionismus in der deutschen Politik!» (2009).

Es bedarf keines Originals, um ein Dokument als Fälschung

zu charakterisieren, das zu Unrecht Authentizität beansprucht, um Judenfeindschaft zu legitimieren, daher ist der Terminus Falsifikat ebenso angemessen wie der Begriff Fiktion. Mühselig ist es allerdings, immer wieder aufs Neue die Beweise dafür auszubreiten, warum die «Protokolle» ein antisemitisches Konstrukt sind, wie sie entstanden und wer die Hände dabei im Spiel hatte. Ein Kenner der Materie, Jeffrey L. Sammons, konstatierte: «Es ist eine etwas langwierige Sache, solche Vorgänge auch verkürzt wiederaufzuwärmen; es bleibt aber notwendig, wieder und wieder darauf aufmerksam zu machen, wie Unsinn immer neuen Unsinn erzeugt, als ob man das ptolemäische Weltbild gegen die astronomische Wissenschaft aufrechterhalten wollte.» Gewiss sind die Mutmaßungen eines Wolfgang Gedeon über Antisemitismus, von dem er sich biedermännisch distanziert und Antizionismus, den er für eine völlig andere und durchaus legitime Weltanschauung hält, unerheblich. Seine dogmatische Position in der politischen Nachfolge Martin Hohmanns auf der Suche nach jüdischer Schuld zur Linderung deutschpatriotischer Schmerzzustände («Tätervolk») ist jedoch anschlussfähig; deshalb ist die Betrachtung der Argumente Gedeons notwendig. Sie speisen sich aus rechtsradikaler Literatur und übernehmen dort gängige Obsessionen wie jene, nach der die jüdischen Urheber der Protokolle auf dem Basler Zionistenkongress 1897 in einer geheimen Veranstaltung aufgetreten seien, oder die Überzeugung, dass «zionistische Cliquen» hinter den «Protokollen» stünden. Eine völlig absurde Parallele zieht der Philosoph Gedeon wenn er behauptet, dass eben diese «Cliquen» erfolgreich gewesen seien, zeige sich, «wenn man sich gewisse Analogien zwischen der in den Protokollen propagierten politischen Strategie und Taktik und zum Beispiel den politischen Methoden der Brüsseler EU vor Augen hält».

Zu den «Protokollen» gebe es laut Gedeon im Wesentlichen zwei Ansichten: «Die einen, die vermeintlichen ‹Verschwörungstheoretiker›, meinen, die Protokolle seien die Studie einer jüdisch-zionistischen Loge aus Odessa, erarbeitet unter der Regie des Zionisten Achad Haam. Die anderen, die vermeintlichen ‹Wissenschaftler›, sehen den Verfasser der Protokolle im Umkreis des zaristischen Geheimdienstes. Weder für das eine noch für das andere gibt es im wissenschaftlichen Sinn eindeutige Belege, so dass eine Beurteilung im Wesentlichen von einer allgemeinen Plausibilität her erfolgen muss». So einfach ist der Sachverhalt für den Autor Gedeon, der folgende Plausibilitätsprüfung anstellt: «Schaut man sich die Protokolle inhaltlich an, dann stellen sie zwar moralisch die unterste Schublade dar. Intellektuell aber sind sie hochwertig, ja genial. Es geht um ein politisch-strategisches Herrschafts- und Eroberungskonzept, das Machiavellis Schrift *Il Principe*, die bis dahin als diesbezüglicher Goldstandard galt, in allen Belangen in den Schatten stellt. So ist es sehr unwahrscheinlich, dass irgendein zaristischer Geheimdienstbeamter, der vorher und nachher nicht aufgefallen ist, ein intellektuell so hochwertiges Werk geschrieben haben soll. Im Übrigen hat besagter Achad Haam zwei Bücher verfasst, deren Inhalt in hohem Maße mit dem Inhalt der Protokolle korrespondiert! Das dritte Argument gegen den Fälschungscharakter des Werkes liegt in der geradezu hysterischen Reaktion, die die Protagonisten des Zeitgeists bei diesem Thema an den Tag legen. Anstatt sie überall, insbesondere in Schulen, zu verbreiten, zu diskutieren, zu analysieren und ihre notabene niederträchtige Moral zu verurteilen, begnügt man sich mit vordergründig plakativer Phrasendrescherei und natürlich dem immer passenden Vorwurf, die Protokolle seien antisemitisch.»

Solchen obskuren und aufklärungsfeindlichen Obsessionen ist entgegenzuhalten, dass erstens die persönliche Überzeugung, das Pamphlet «Protokolle» sei «intellektuell hochwertig, ja genial» lediglich Aufschluss über den Zustand dessen gibt, der solches behauptet. Zweitens führen tatsächlich Spuren zum zaristischen Geheimdienst und zu den reaktionären Gegnern des fortschrittlichen Finanzministers Witte. Sie sind in der wissenschaftlichen Literatur ausführlich erörtert und die Politik in den letzten Jahrzehnten des Zarenreiches hatte reichlich Motive, die Juden mit antisemitischen Beschuldigungen zu desavouieren. Die Beweise dafür reichen von Intrigen am Zarenhof bis zu den Pogromwellen 1880 und 1904, bei denen die jüdische Bevölkerung Russlands als Sündenbock für politische und soziale Missstände herhalten musste. Diese hatte sich angesichts des Elends der russischen Juden formiert und war wiederum Grund genug für die russische Reaktion, sie als jüdisches Weltherrschaftsstreben zu denunzieren. So einfältig es ist, die «Protokolle» der zionistischen Bewegung um 1900 zuzuordnen, weil der Begriff Zion im Titel erscheint, so abwegig ist es, Achad Haam als Urheber des antisemitischen Traktates zu vermuten. Der ukrainische Jude Ascher Ginsberg (1856–1927), der unter dem Namen Achad Haam als Autor und Intellektueller bekannt wurde, war ein Gegner des politischen Zionismus Theodor Herzls. Er galt als weltfremder Philosoph, in dessen Augen die Pflege der hebräischen Sprache den Kern eines kulturellen Zionismus bildete. Eine US-amerikanische Antisemitin, die unter dem Namen Lesley Fry publizierte, hat das Märchen in die Welt gesetzt, Achad Haam habe den Text der «Protokolle» auf Hebräisch verfasst, ihn 1890 in Odessa vorgetragen, woraufhin dieser über Paris in französischer Übersetzung an den Basler Zionistenkongress gelangt sei. Das dritte Argument, das Gedeon für die Echtheit der «Protokolle» anführt, hat auch Adolf Hitler schon benutzt, als er in «Mein Kampf» die Feststellung, sie seien ein Falsifikat, als Echtheitsbeweis wertete. In gleicher Weise denunzierten Fanatiker wie Gedeon jedes Aufklärungsbemühen als hysterische Phrasendrescherei und verdrehen Fälschungsbeweise zur Bestätigung der «Echtheit» der «Protokolle».

Zu konstatieren ist, dass die «Protokolle» eine Kompilation aus Plagiaten darstellen. Die Schlüsselszene auf dem Prager Friedhof stammt aus dem Trivialroman «Biarritz» von Sir John Retcliffe alias Hermann Goedsche. Fast die Hälfte des Textes wurde aus einer französischen politischen Satire «Gespräche aus der Unterwelt» (1868) gestohlen. Über 160 Textparallelen sind nachweisbar. Nicht nachweisbar ist ein französischer Urtext der Protokolle, nach dem der Historiker Henri Rollin forschte. Seine Ergebnisse veröffentlichte er 1939. Das Buch wurde nach der deutschen Besetzung Frankreichs beschlagnahmt und vernichtet. Zur Erhellung der Entstehungsgeschichte hat es erheblich beigetragen. Am Anfang dieser Geschichte steht ein Schauerroman, verfasst von einem Routinier dieses Metiers.

## 4. Der historische Kontext: Judenfeindschaft in Europa

Die «Protokolle der Weisen von Zion» entstanden nicht im luftleeren Raum. Judenfeindschaft war ein in ganz Europa verbreitetes Phänomen, das im 19. Jahrhundert eine neue Dimension in Gestalt des rassistisch und sozialdarwinistisch argumentierenden modernen Antisemitismus erhielt, der sich als Resultat wissenschaftlicher Erkenntnis darstellte.

Der Begriff «Antisemitismus» geht auf den Publizisten Wilhelm Marr zurück, einen der Protagonisten der neuen Lehre der Judenfeindschaft, der ihn nachweislich 1879 erstmals verwendete. Die im Mittelalter aus der christlichen Religion begründete und in der Neuzeit oft radikalisierte ältere Aversion gegen Juden, die sie aus der Mehrheitsgesellschaft ausschloss, verschwand mit der neuen Rassenlehre, die Juden über neu konstruierte Feindbilder definierte, keineswegs von der Bildfläche. Der religiöse Antijudaismus bildete durch seine lange Tradition und mit den von ihm ausformulierten stereotypen Judenbildern den Wurzelgrund für die neue Form der Judenfeindschaft, gleichzeitig existiert er als Teil der Volksfrömmigkeit und Populärkultur als eigenständige Art des Ressentiments gegen die jüdische Minderheit bis zur Gegenwart fort.

Die Abneigung der Christen gegen die Juden, motiviert aus deren Weigerung, Jesus Christus als den Messias anzuerkennen, prägte im Mittelalter und der Neuzeit den Status der Minderheit durch Diskriminierung, Segregation, Rechtlosigkeit. Beliebige Schuldzuweisungen endeten in Massakern. Judenhass war ursprünglich durch Identitätsprobleme des jungen Christentums legitimiert, das sich als «wahres Israel» verstand. Der Gottesmordvorwurf war Ausdruck des christlichen Bewusstseins, Empfänger der biblischen Verheißungen zu sein, wogegen die Juden als Verweigerer des göttlichen Heilsplanes als gottlos, amoralisch, verbrecherisch wahrgenommen und mit Heiden, Ketzern und Häretikern auf eine Stufe gestellt wurden. Die in theologischen Disputen und Schriften ausgetragene Auseinandersetzung hatte Folgen im Alltag. Seit dem 4. Jahrhundert sind Ausschreitungen der christlichen Bevölkerung gegenüber Juden in vielen Orten des Römischen Reiches belegt. Oft waren Diener der Kirche die Anstifter, Mönche und Bischöfe riefen zum Kampf gegen die Juden auf. Neben den religiösen Gründen der Ablehnung des Judentums mischten sich von Anfang an aber auch soziale und ökonomische Motive. Im ausgehenden Mittelalter und in der frühen Neuzeit kamen neue Formen der Feindschaft hinzu, die schon auf die rassistischen Ressentiments verweisen, die im 19. Jahrhundert begründet und entwickelt wurden.

Die Vorbehalte gegen Juden waren, seit sich das Christentum im 3./4. Jahrhundert als Staatsreligion im Römischen Reich durchgesetzt hatte, zunächst auch im Mittelalter vorwiegend religiöser Natur. Allerdings bestimmte der Glaube in existentiellem Umfang den Alltag der Menschen, und religiöse Differenzen hatten entsprechend einschneidende soziale Bedeutung. Die Verweigerung der Taufe, das Unverständnis der Juden für die Erlösungsidee durch Christus und ihre religiösen und sozialen Riten machten die Juden in christlichen Augen zu «Verstockten». Aus der ursprünglich theologisch determinierten Dialogunfähigkeit zwischen Minderheit und Mehrheit folgte die Forderung nach äußerer Trennung (erhoben sowohl durch Kirchenlehrer wie durch Rabbiner) der Anhänger des Alten Testaments, die sich zum bis in die Gegenwart anhaltenden Zorn der Majorität als «erwähltes Volk» verstanden, und derer, die, erlöst durch Jesus Christus, an die Überwindung des Alten Testaments glaubten und als christliche Gemeinschaft die Mehrheit bildeten.

Am Ende des 11. Jahrhunderts verdichteten sich religiöse Gegensätze und soziale Ressentiments; sie entluden sich in Gewaltakten gegen die jüdische Minderheit in Europa. Der erste Kreuzzug (1096) – der Intention nach ein Krieg gegen «Ungläubige» zur Befreiung des Heiligen Landes – wurde von fanatisierten Christen, die als Angehörige der Unterschichten, als verarmte

Bauern, Abenteurer und Mittellose aus Sozialneid handelten, zunächst gegen Juden in ganz Mitteleuropa geführt, etwa in den Städten des Rheinlandes. Von den Kreuzfahrern bedrängt, standen die Juden vor der Wahl, getötet zu werden oder den christlichen Glauben durch den Empfang der Taufe als richtiges Bekenntnis anzuerkennen. Die Verfolgung der Juden endete mit dem Moment der geglückten Mission, da ja theologisch begründete Ressentiments die Verfolgung motivierten. Die meisten Juden wählten jedoch lieber den Tod als die Preisgabe der religiösen Identität.

Die Gewaltaktionen hatten, wie auch bei den späteren Kreuzzügen, die alle judenfeindlich waren, den Charakter von Pogromen (der Begriff selbst gehört in spätere Zeiten, er wurde im 19. Jahrhundert dem Russischen entnommen). Das heißt, die Gewalt richtete sich nicht gegen einzelne, sondern gegen alle Angehörige der Minderheit und, die religiös-christliche Motivation sprengend, gehörten Plünderungen, Diebstahl und Raub untrennbar zum gewalttätigen Geschehen.

Zur Begründung der aggressiven Judenfeindschaft wurden seit dem 13. Jahrhundert Legenden und Erzählungen verbreitet, die Ritualmorde und Hostienfrevel zum Gegenstand hatten. Erstmals tauchte 1144 in der Gestalt des William von Norwich das Opfer eines angeblich von Juden verübten Ritualmordes auf. Der Legende nach begehen Juden alljährlich aus Hass auf Christus und die Christen unter Anleitung ihrer Rabbiner in der – von christlicher Seite religiös-emotional besonders sensiblen – Passionswoche vor Ostern einen Mord in ritueller Form an einem unschuldigen christlichen Knaben, um das Leiden Christi zu verhöhnen. Nach dem Laterankonzil von 1215, in dem die Transsubstantiationslehre zum Dogma erhoben wurde, kam als zweites Motiv die Blutlegende hinzu, nach der die Juden ihren Opfern zur Bereitung von Mazzen oder zu medizinischen und magischen Zwecken Blut entziehen. Die Unhaltbarkeit solcher Anschuldigungen ergibt sich ohne weiteres schon aus den rituellen Geboten der jüdischen Lehre, nach der jede Art von Blut als unrein für Juden sanktioniert ist. Das haben Kirchenlehrer und Päpste immer wieder konstatiert, und Kaiser und Könige haben die Juden gegen die Blutbeschuldigungen verteidigt, jedoch ohne Erfolg. Die Blutlegenden waren, von Interessenten wie Predigern oder fanatisierten Bettelmönchen im Missionseifer verbreitet, bis ins 20. Jahrhundert als Anlass zur Verfolgung der Juden wirksam.

Die Ritualmordbeschuldigung verbreitete sich von England aus nach Frankreich und Spanien, an den Rhein und an den Bodensee, in den Alpenraum und nach Franken, und schließlich im 16. Jahrhundert auch nach Polen. Die judenfeindlichen Anschuldigungen wurden in zahllosen Chroniken, Geschichten, Liedern, Predigtsammlungen überliefert.

Ein anderer Vorwurf bestand seit dem 12. Jahrhundert in der Unterstellung des Hostienfrevels durch Juden, dem die Anschuldigung zugrunde liegt, das Volk der «Gottesmörder» ritualisiere den antichristlichen Affekt durch die Wiederholung der Leiden, die einst Jesus zugefügt wurden, am Leib Christi in Gestalt der geweihten Hostie. Im wechselseitigen Verhältnis zu den Hostienwundern, die sich nach vielfältiger Überlieferung ereigneten – die von Juden mit Messern, Dornen, Nägeln gemarterten Hostien sollen zu bluten begonnen oder wunderbare Erscheinungen sich gezeigt haben –, wurden die Juden als Anhänger des Satans, als Verkörperungen des Antichrist dämonisiert. Die Hostienfrevellegenden zeitigten einerseits Wallfahrten und eine reiche Erbauungsliteratur, die das religiös motivierte feindselige Judenbild tradierte, andererseits waren sie oft Anlass zu Pogromen gegen Juden, am weitreichendsten in den mörderischen Zusammenrottungen, dem nach ihrem Anführer so genannten «Rintfleischaufruhr» von 1298, bei dem in Franken 5000 Juden getötet wurden, und in der «Armleder-Verfolgung» 1336–1338, bei der in ganz Süddeutschland, im Elsass, in Böhmen, Mähren und Kärnten 6000 Menschen ermordet wurden. Bei der bis in die Neuzeit wirkenden negativen Stereotypisierung waren die Juden Ketzern, Hexen, später Freimaurern und Jakobinern als Feinde des Christentums gleichgestellt.

Den klerikalen Judenbildern folgten nicht weniger gefährliche säkularisierte Zuschreibungen wonach Juden als Verursacher aller möglichen Übel galten. Die Pestepidemie in Europa Mitte des 14. Jahrhunderts bot Anlass zur Spekulation, die Juden hätten die Brunnen vergiftet. Die jüdische Minderheit war dabei an die Stelle anderer Stigmatisierter getreten, denen bei früheren Katastrophen die Schuld zugemessen wurde, etwa den Aussätzigen (Südfrankreich 1321) oder Muslimen als Ungläubigen. Auch aus ökonomischem Grund (Beseitigung von Gläubigern) diente die Pest als Anlass der Verfolgung, obwohl Papst Clemens VI. in einer Bulle die Juden gegen die falsche Beschuldigung in Schutz nahm. Erstmals auf einen weltlichen Vorwurf hin kam es 1358–1360 zu mehreren Pogromwellen, in denen die meisten jüdischen Gemeinden im Mitteleuropa zerstört wurden.

Bei der nun folgenden Marginalisierung der Juden durch weltliche Obrigkeiten, durch Städte und Fürsten als Inhaber der Territorialherrschaft in Mitteleuropa, hatte die Kirche Schrittmacherdienste geleistet: Das Laterankonzil hatte 1215 die Absonderung von Juden und Christen beschlossen. Die «Ungläubigen» sollten durch eine eigene Tracht erkennbar sein (gelber Fleck, Judenhut) und von den Christen getrennt leben. Das war der Beginn der Ghettoisierung in den Städten und der Regelung der beschränkten Teilnahme der Juden am öffentlichen Leben durch eine Vielzahl von diskriminierenden Vorschriften, darunter die Berufsverbote, die Juden auf bestimmte Tätigkeiten verwiesen, die Christen nicht ausüben wollten oder die ihnen, wie der Verleih von Geld gegen Zins, aus religiösen Gründen lange untersagt waren.

Im 13. Jahrhundert wandelte sich das Kreditsystem. Die christlichen Zinsrestriktionen wurden gelockert, dadurch wurden Juden im Geldgeschäft zu Konkurrenten, bei denen gegen hohen Zins nur noch borgte, wer sonst nirgendwo Kredit bekam. Als antijüdische Stereotype verfestigte sich nun das Bild des jüdischen Wucherers, und die jüdischen Minderheiten in den Städten waren insgesamt, ihrer bisherigen ökonomischen Funktion weithin ledig, dämonisiert und standen wie andere Randgruppen der Gesellschaft unter ständigem Verfolgungsdruck. Juden wurden seit der Mitte des 14. Jahrhunderts mit unterschiedlichen Begründungen aus den Städten vertrieben, und zwar meist auf Betreiben der Bürger. Religiöse, soziale und wirtschaftliche Gründe bildeten ein Geflecht von Animositäten gegen die Juden, die mit Ausnahme von Prag und Frankfurt am Main am Ende des Mittelalters in Mitteleuropa aus den Städten verschwunden waren. Sie lebten, soweit sie nicht nach Osten abgewandert waren, als Dorfjuden kümmerlich von Kleinhandel, zogen als Hausierer umher oder betätigten sich im Altwarengeschäft.

Mit den aus christlicher Wurzel stammenden tradierten Feindbildstereotypen von Wucherern, Christenfeinden, Brunnenvergiftern, Ritualmördern und mit den in Christenaugen rätselhaften und suspekten religiösen Bräuchen und den vermeintlich daraus abgeleiteten Eigenschaften (Geiz, Rachedurst, Raffgier, Hochmut, Feigheit, Arglist, Lügenhaftigkeit usw.) waren die Juden als Angehörige einer randständigen Minderheit ohne eigene Schuld stigmatisiert, ähnlich wie Ketzer, Magier, Hexen. Sie waren Gegenstand von Argwohn und Abscheu, aber schließlich auch Objekte missionarischen Strebens. Wenn sie – was die Regel war – den Lockungen der christlichen Taufe widerstanden, wurden sie umso ärger Opfer christlicher Wut, wie das Beispiel Martin Luthers zeigt. Dessen bösartige antijüdische Predigten, etwa seine Schrift von 1543 «Von den Juden und ihren Lügen», spiegeln enttäuschten Bekehrungseifer. An die Stelle der mittelalterlichen Zwangstaufen (die nach kanonischem Recht unzulässig und von der Amtskirche unerwünscht waren) trat in der frühen Neuzeit die Judenmission mit den in Luthers Reaktion sichtbaren und weithin wirkenden verheerenden Folgen beim Misslingen der frommen Absicht. Der Reformator versammelte in seinem Traktat «Von den Juden und ihren Lügen» alle Anschuldigungen der Zeit gegen die Minderheit, die sich zu Stereotypen festigten und das Weltbild vieler Generationen prägten: so etwa der Vorwurf des Brunnenvergiftens, des Kinderstehlens oder des Blutfrevels aus Feindschaft gegen die Christenheit.

Luthers Judenhass war kein Einzelfall. Das Pamphlet des Reformators war zweifellos die berüchtigtste und nachhaltigste Schrift ihrer Art, die noch über den Nationalsozialismus hinaus wirkte. Das katholische Pendant ist zwei Jahre älter und hat Luther sicherlich beeinflusst, der aber begreiflicherweise das

Vorbild nicht nannte. Es handelt sich um die 1541 erschienene Schrift des Ingolstädter Theologieprofessors Johannes Eck mit dem ausschweifenden Titel «Ains Judenbüechleins verlegung darin ain Christ ganzer Christenheit zu schmach will es geschehe den Juden unrecht in bezichtigung der Christen kinder mordt. Hierin findst auch vil histori was übels und büeberey die Juden in allen teütschen land und andern künigreichen gestift haben». Der katholische Gelehrte reagierte damit auf eine anonyme, wohl von Andreas Osiander, dem in Nürnberg und Königsberg wirkenden lutherischen Theologen, stammende Schrift, in der die Juden gegen die Ritualmordlegende verteidigt wurden.

Johannes Eck trug zusammen, was an angeblich dokumentierten Fällen von jüdischem Hostienfrevel, von Giftanschlägen und Ritualmorden bekannt war. Er bot alles wortgewaltig dar, beschuldigte die vermeintlichen Urheber mit theologischen Argumenten und erklärte die Freveltaten aus jüdisch-religiöser Tradition. Damit nicht genug, polemisierte Eck mit zeitgenössischen ökonomischen und sozialen Vorwürfen unter dem Stichwort «Wucher» und schrieb das Menetekel der jüdischen Weltherrschaft an die Wand. Der Ingolstädter Gegenreformator war damit einer der Ahnherren der Parole von der «jüdischen Weltverschwörung». Ecks umständlicher Traktat gehört mit seiner drastischen Sprache zum Extremsten, was in der Zeit der Glaubensspaltung und des Humanismus an judenfeindlichen Äußerungen gedruckt wurde. Die Schrift bildete im Traditionsstrang des christlichen Ressentiments einen Beitrag zum «modernen Antisemitismus», dessen Argumente der Rassenlehre des 19. Jahrhunderts verpflichtet sind.

Ecks Pamphlet blieb über die Jahrhunderte so wirkungsmächtig, dass sich noch der «Stürmer», das Blatt des Nationalsozialisten Julius Streicher, damit munitionierte. In der «Ritualmord-Nummer» von 1934 diente Dr. Eck als einer der Experten, aus dessen Buch Episoden («Der Foltertod des Knaben von Langendentzlingen» – «Das Geständnis des Juden Emanuel von Genua») nacherzählt wurden. Christliche Überlieferung war hier unmittelbar in den Dienst nationalsozialistischer rassenantisemitischer Agitation genommen worden.

Im Mittelalter war die Rechtsstellung der Juden als *servi camerae regis* (königliche Kammerknechte) definiert – urkundlich ist dies 1179 erstmals belegt –, das heißt, die Juden waren abgabenpflichtig und genossen dafür ein Minimum an Schutz vor Verfolgungen. Mit der Ausbildung der Landesherrschaft ging das Judenregal in der frühen Neuzeit auf die Territorialfürsten über. Diejenigen Juden, die für den Landesherrn von Interesse waren, wurden als «Schutzjuden» privilegiert; das heißt, gegen beträchtliche Zahlungen bekamen Kapitalkräftige die Erlaubnis, sich anzusiedeln. Vielfach traten jüdische Entrepreneure in der Zeit des Absolutismus in fürstliche Dienste, um als Hoffaktoren kostspielige Unternehmungen des Fürsten zu finanzieren – so etwa der Berliner Münzmeister Lippold, den der Brandenburgische Kurfürst Joachim II. 1540 in seine Dienste nahm. Insgesamt hatte Joachim 42 000 Taler von Juden als Ansiedlungsgebühren kassiert, die Jahressteuern noch nicht gerechnet. Nach Joachims Tod 1571 wurde der Hoffaktor Lippold der Veruntreuung von Geldern bezichtigt und beschuldigt, er habe auch den Kurfürsten vergiftet und dessen Geliebte verführt – unhaltbare Vorwürfe, die nach einem Gerichtsverfahren trotzdem mit der Hinrichtung Lippolds endeten. Nach Ausschreitungen gegen die Berliner Juden wurden sie des Landes verwiesen, dazu mussten sie noch Abzugsgelder als Kontribution bezahlen.

Der berühmteste Fall eines Hoffaktors (der zugleich die Willkür, der die Juden unterworfen waren, eindringlich illustriert) ist die Geschichte des Joseph Oppenheimer, der als «Jud Süß» dem württembergischen Herzog Karl Alexander diente, die Finanzen des Landes verwaltete und nach dem Tod seines Auftraggebers 1738 öffentlich hingerichtet wurde. Er war zum Sündenbock erklärt worden, für schuldig an der Zerrüttung der Staatsfinanzen – die durch den verschwenderischen Lebensstil des Landesherrn verursacht worden war – und an dem Verfall landständischer Rechte unter Herzog Karl Alexander.

Die Emanzipation der Juden, also ihre Befreiung von den sozialen und rechtlichen Einschränkungen, war in Deutschland und Österreich kein revolutionärer Akt wie in Frankreich 1791, sondern Ergebnis einer langwierigen Debatte, die sich vom Beginn des 19. Jahrhunderts bis zum Ende der 1860er Jahre hinzog. Als Gegenbewegung zur Forderung nach rechtlicher Gleichstellung der Juden kam es 1819 zu pogromartigen Ausschreitungen wie im Mittelalter. Beginnend in Würzburg, breiteten sich die «Hep-Hep-Verfolgungen» über ganz Deutschland bis nach Dänemark aus. Gefördert durch soziale Krisen, aber eindeutig als Abwehr des Integrationsanspruchs durch die Mehrheitsgesellschaft zu verstehen, fanden an vielen Orten handgreifliche Auseinandersetzungen mit der jüdischen Minderheit statt. Judenfeindschaft war wohl auch, wie häufig bei älteren Konflikten zwischen der Mehrheit und der Minderheit, eine Form von sozialem Protest, bei dem Aggressionen verschoben und gegen Juden gerichtet wurden, aber die Stoßrichtung der Bewegung richtete sich gegen den Status und das Recht der Juden. Die Hep-Hep-Krawalle, die ihren Namen vom Hetzgeschrei der Verfolger haben, sind lange Zeit von den Historikern vor allem als Form des sozialen Protestes, als Auflehnung sich ökonomisch bedrängt fühlender Handwerker und Bauern gegen die Veränderungen von Produktions- und Lebensverhältnissen gesehen worden. Die Krawalle waren trotzdem in erster Linie Manifestationen genuiner Judenfeindschaft.

Die Tradition christlich motivierter Abneigung gegen Juden bereitete einerseits den Boden für den «modernen Antisemitismus» des 19. Jahrhunderts, der sich als Rassenlehre mit seiner behaupteten wissenschaftlichen Beweisbarkeit brüstete. Aber der religiöse Antijudaismus lebt auch als eigene Unterströmung weiter und wirkt als Welterklärungsmodell auch im 21. Jahrhundert als allgemeiner Vorbehalt wie im Gottesmordvorwurf bis hin zu der obskuren Ritualmordlegende weiter. Das Erbe christlicher Judenfeindschaft besteht aber vor allem anderen im Ressentiment, das nicht artikuliert, jedoch als eine Art «unbewusster Gewissheit» über Generationen hinweg tradiert wird.

Zu den Vätern des «modernen Antisemitismus» gehörte Joseph Arthur Graf Gobineau mit seinem «Essai sur l'inégalité des races humaines» (erschienen 1853 bis 1855 in vier Bänden), der als Eckpfeiler einer Rassentheorie diente, die die neue Lehre scheinbar wissenschaftlich unterfütterte. Obwohl Gobineaus Werk erst 1898–1901 unter dem Titel «Versuch über die Ungleichheit der Menschenrassen» in Deutsch erschien, hatte es östlich des Rheins von Anfang an größere Wirkung als in Frankreich. Der Übergang vom traditionellen religiösen Hass zum neuen Antisemitismus war nicht abrupt, die Traditionen des religiösen Antijudaismus mit seinen Stereotypen blieben wirkungsmächtig und verstärkten die neuen pseudo-rationalen Argumente des Rassenantisemitismus. Judenfeindschaft war am Ende des 19. Jahrhunderts ein Verständigungsmittel für sozialen Protest ebenso wie für antiliberale und reaktionäre Bestrebungen.

Die «Judenfrage» war seit der Mitte des 19. Jahrhunderts ein feststehender Begriff, der (ursprünglich nur als sozialer Terminus gebraucht) zur Chiffre wurde, die einerseits politisches, kulturelles, ökonomisches Unbehagen zusammenfasste und andererseits Existenz- und Überfremdungsängste artikulierte. Durch die neue Lehre vom Rassenantisemitismus bekam die «Judenfrage» eine politische Richtung gewiesen. Erst einmal zum Gegenstand öffentlicher Erörterung gemacht, drängte die «Judenfrage» nach einer «Lösung». Das theoretische Konzept (ein angesichts der intellektuellen Anspruchslosigkeit der Judenfeinde wertfrei zu verstehender Begriff) lieferte die Ideologie des Antisemitismus. Als Ideologen betätigten sich von Überfremdungsängsten, Sozialneid, Existenznot und ähnlichen Sorgen geplagte Besessene, die im letzten Drittel des 19. Jahrhunderts mit Pamphleten, Büchern und Broschüren ein kleinbürgerlich-nationalistisches antiliberales Milieu bedienten, das durch Argwohn gegen jede Modernisierung geeint war und Schuldige brauchte für alle Veränderungen in Staat, Gesellschaft, Lebenswelt, die es zutiefst beunruhigten.

So lächerlich die Argumente und «Beweise» der Antisemiten dem aufgeklärten Leser erscheinen, so wirkungsvoll und nachhaltig waren die Schmähschriften und Traktate der Judenfeindschaft. Der Höhepunkt der judenfeindlichen Ideologieproduktion, die zugleich als Aufbäumen gegen die Modernisierung von Staat und Gesellschaft zu verstehen ist und «die Juden» als Inkarnation alles Bedrohlichen instrumentalisierte, lag im letzten

Drittel des 19. Jahrhunderts. Die Wirkung zeigte sich später. Mit den akademisch oder radaumäßig, demagogisch oder wissenschaftlich auftretenden Traktaten der Inkubationszeit der neuen, rassistisch argumentierenden Judenfeindschaft war in Mitteleuropa der Grund gelegt für die Agitation der Antisemiten nach dem Ersten Weltkrieg.

Die Hasspropaganda gegen Juden wurde von drittrangigen Publizisten und eifernden Kleingeistern betrieben – Herrmann Goedsche alias Sir John Retcliffe war einer von ihnen –, und die Privatgelehrten und Schriftsteller, die sich zur «Judenfrage» äußerten, machten das Thema gesellschaftsfähig. Im Februar 1879 war Wilhelm Marrs politisches Pamphlet «Der Sieg des Judenthums über das Germanenthum» erschienen, im Herbst 1879 wurde es schon in der 12. Auflage verkauft. Den Weg bereitet hatten Autoren wie Otto Glagau, der im weit verbreiteten Wochenblatt «Die Gartenlaube» die Juden als Verursacher der Wirtschaftskrise des Gründerkrachs von 1873 denunzierte und in polemischen Artikeln die Juden zu Sündenböcken für alles mögliche aktuelle Ungemach stempelte. Die Pressekampagnen in der konservativen Kreuzzeitung, aber auch in katholischen Blättern – gemeinsamer Feind war der politische Liberalismus –, vertieften seit 1874/75, zur Zeit des Gründerkrachs, die judenfeindlichen Ressentiments.

Wilhelm Marr (1819–1904), einer der Theoretiker des Rassenantisemitismus, war eine zeittypische Erscheinung. Mehr von Karrieretrieb und Geltungsdrang als von Überzeugungen geleitet, machte der gelernte Kaufmann mehrere ideologische Wandlungen durch: zunächst ein liberal-demokratischer Publizist, der öffentliche Missstände anprangerte, tendierte er später zum Kommunismus, betätigte sich als Anarchist in der Schweiz, gab in Hamburg ein satirisches Blatt heraus, agitierte erst als revolutionärer Republikaner, ab 1849 aber für Preußens Hegemonie. Nach Misserfolgen als Kaufmann war er seit den 60er Jahren wieder publizistisch und politisch in Deutschland aktiv. Als Berufsagitator gründete er 1879 eine «Antisemiten-Liga», deren Organ, die «Deutsche Wacht», er 1880/81 redigierte.

In Berlin agitierte der polemisch hochbegabte Hofprediger Adolf Stoecker mit rassistischen Argumenten gegen die Emanzipation der Juden. Heinrich von Treitschke, der berühmte und populäre preußische Historiker, schürte Überfremdungsangst, als er in die öffentliche Diskussion der «Judenfrage» 1879 mit einem folgenreichen Artikel eingriff. Treitschkes Argumentation war von der Überzeugung durchdrungen, die Juden selbst verursachten durch ihr Verhalten, ihre Art, ihren Charakter die Ressentiments gegen ihre Minderheit. Unter Intellektuellen löste Treitschkes Pamphlet eine Debatte, den Berliner Antisemitismusstreit, aus. Auf schlichterem Niveau machten Eugen Dühring, Theodor Fritsch, Otto Böckel, Ernst Henrici und viele andere ihren Hass gegen Juden zum Gegenstand missionarischen Eifers, der sich als unendlicher Strom von schmähenden Traktaten ins Publikum ergoss.

Das scheinbare Problem – die «Judenfrage» – basierte auf der Überzeugung von der konstitutionellen Andersartigkeit der Juden als Rasse. Das unterschied die Feindschaft gegen Juden ab Mitte des 19. Jahrhunderts von den älteren Ressentiments gegen die Minderheit, also von dem religiös motivierten Antijudaismus. Alle älteren Judenverfolgungen im christlichen Europa waren religiös begründet und endeten mit der Bereitschaft der Juden, Christen zu werden. Natürlich waren seit dem Mittelalter bei der Abneigung gegen die Juden auch immer andere Gründe mit im Spiel gewesen, wenn Juden das Ziel von Pogromen, Vertreibungen, Plünderung, Raub waren, und zwar Sozialneid und wirtschaftliche Faktoren, die in traditionellen Stereotypen Ausdruck fanden, wie etwa dem aus der Geldleihe gegen Zinsen resultierenden Vorwurf des Wuchers. Aber ein neues Moment unterschied jetzt die alte, religiös motivierte Judenfeindschaft vom modernen rassistisch begründeten Judenhass: Der religiöse Vorbehalt war mit der Taufe beendet gewesen, der durch die «Rasse» begründete Makel war aber nicht kurierbar. «Lösung» der «Judenfrage» im neuen Sinne konnte deshalb nur noch Vertreibung oder Vernichtung bedeuten. Der Nationalsozialismus hat folgerichtig Jahrzehnte später daraus die «Endlösung» gemacht.

Im 19. Jahrhundert war zu den traditionellen Motiven der Judenfeindschaft ein weiterer Anlass gekommen: Die Forderung nach Emanzipation. Als bürgerliche Gleichberechtigung, unter dem Druck der Französischen Revolution propagiert, war sie 1870/71 in Deutschland endlich angekommen. Die Forderung nach Rücknahme der Gleichstellung der Juden folgte, von vielen Interessenten vorgetragen, der spät errungenen Emanzipation der Minderheit auf dem Fuße.

Die Übereinstimmung der antisemitischen Theoretiker bestand darin, dass jede «Rasseneigenschaft» der Juden negativ definiert war. In der Diskussion über die «Judenfrage» spielte die Metaphorik, die die Juden als Schmarotzer und Parasiten im «Gastland» gegenüber dem «Wirtsvolk» definierte, eine zunehmende Rolle, ungeachtet der Tatsache, dass die anti-emanzipatorische Judenfeindschaft auch und vor allem eine Bewegung gegen die Moderne, gegen die Idee der Demokratie und gegen den politischen Liberalismus war. Der «Übergang vom religiösen Hass zur rassischen Ablehnung» war indessen nicht abrupt, die Traditionen des religiösen Antijudaismus blieben wirkungsmächtig und verstärkten die neuen pseudo-rationalen Argumente des Rassenantisemitismus.

Die Anhänger der neuen Doktrin der Judenfeindschaft sammelten sich in Vereinen und Parteien. Die Geschichte des politisch organisierten Antisemitismus, die 1879 in Deutschland mit Wilhelm Marrs Antisemiten-Liga und Adolf Stoeckers Christlich-Sozialer Partei beginnt, ist die Geschichte von Sekten und Spaltungen, eine programmatische Melange konservativer, antikapitalistischer, sozialdemagogischer Ideologiefragmente, propagiert von antiliberalen und antidemokratischen, untereinander konkurrierenden Demagogen. Im September 1882 waren bei einem «Ersten Internationalen Antijüdischen Kongress» in Dresden 300 bis 400 Antisemiten versammelt, die sich zwar auf kein gemeinsames Programm verständigen konnten, aber öffentliche Wirkung hatten. Auf dem «Antisemitentag» in Bochum einigten sich Anfang Juni 1889 die verschiedenen judenfeindlichen Strömungen (mit Ausnahme Adolf Stoeckers) auf gemeinsame Grundsätze und Forderungen, aber schon über der

Bezeichnung des Zusammenschlusses entzweiten sich die Antisemiten wieder.

Am meisten Aufsehen erregte seinerzeit der Demagoge Hermann Ahlwardt, der als Parteiloser im Reichstag saß und sich als Radau-Antisemit besonders hervortat. In Pommern agitierte er mit der Losung «Gegen Junker und Juden!». Durch hemmungslosen Populismus hatte er vorübergehend Zulauf. Seine Reden im Reichstag waren, wie die Stenographischen Protokolle ausweisen, eine Quelle der Heiterkeit für die Kollegen, die sich über die bizarren Unterstellungen und die groteske Rage des Judenhassers anhaltend amüsierten.

Insgesamt hat der organisierte Antisemitismus im Kaiserreich zwar keinen politischen Einfluss erringen können, zum kulturellen Klima der Zeit hat die neue Strömung aber einen schwerlich zu überschätzenden Beitrag geleistet, und ihre Agitation und Publizistik, die in die öffentliche Diskussion eingeführten Schlagworte und Postulate bildeten Keime, die schlummernd in der Erde lagen und nur auf günstige Bedingungen zu ihrer Entfaltung warteten.

Die Judenfeindschaft im wilhelminischen Kaiserreich war freilich keine singuläre Erscheinung und kein deutsches Charakteristikum. In Österreich entwickelte sich vor ähnlichem sozialen und ökonomischen Hintergrund der Antisemitismus als politische Bewegung in den 1880er Jahren, und zwar zunächst von der gesellschaftlichen Peripherie, dem Kleinbürgertum, aus. Die erste organisatorische Basis fanden die Antisemiten in Handwerksgenossenschaften und Innungen. Einen nationalistischen Antisemitismus vertrat Georg Ritter von Schönerer, sein Extremismus setzte sich jedoch nicht durch. Dafür wurde Karl Lueger zur charismatischen Integrationsfigur der christlich-sozialen Partei, die, ähnlich wie Stoecker in Berlin, Judenfeindschaft zu einer antiliberalen und antisozialistischen Sammlungspolitik instrumentalisierte. Anders als im Deutschen Reich war die Demagogie der österreichischen antisemitischen christlich-sozialen Partei erfolgreich. Lueger wurde, nachdem seine Anhänger 1895 die Mehrheit im Wiener Gemeinderat errungen hatten, 1897 Bürgermeister. Über seinen kommunalpolitischen Meriten wurde marginalisiert, dass sie ohne den manipulativen Antisemitismus, der die christlich-sozialen Anhänger durch den Appell an Emotionen zusammenkittete, nicht möglich gewesen wäre.

Der französische Antisemitismus, ungleich aggressiver als die wortradikale deutsche Ausprägung, war ein Integrationsfaktor für die nationalistische und klerikale Opposition gegen die Dritte Republik als modernem, kapitalistischem, säkularisiertem Staat. Frankreich unterschied sich von anderen Ländern Westeuropas, insbesondere von Großbritannien, in der Haltung gegenüber den Juden. Zwar war der kleinen jüdischen Minderheit 1791 im Zuge der Französischen Revolution das volle Bürgerrecht gewährt worden, aber die Selbstverständlichkeit der Emanzipation, wie sie die Vereinigten Staaten praktizierten, fehlte in Frankreich: Während in Großbritannien und den USA die Integration der Juden, d. h. ihre rechtliche und soziale Gleichstellung, nicht wie in Mittel- und Ostmitteleuropa an die Vorbedingung der Assimilation, d. h. die Aufgabe kulturellen religiösen, sozialen Eigenlebens, geknüpft war, galten in Frankreich neben dem Buchstaben des Gesetzes eigene Bedingungen. Die wenigen sephardischen Juden in Südfrankreich stießen kaum auf Integrationsprobleme, wogegen die aschkenasischen Landjuden im Nordosten, im Elsass und in Lothringen bis zur Mitte des 19. Jahrhunderts Anfeindungen ausgesetzt waren, die sich immer wieder in Pogromen entluden. Die Ressentiments kamen in Frankreich teils aus christlich-katholischen Wurzeln, teils waren sie Folge des Rassismus, dem Arthur Gobineau den Weg bereitete und den Edouard Drumont in seiner Schrift «La France Juive» 1886 propagierte. Der Demagoge Drumont, auch er ein skrupelloser Plagiator, der die Publikationen anderer – etwa des Henri Gougenot des Mousseaux – ausschlachtete, hatte an der Verbreitung des Konstrukts der «jüdisch-freimaurerischen Verschwörung» in der französischen Gesellschaft größten Anteil.

Im französischen Frühsozialismus waren Vorbehalte gegen Juden ebenso verbreitet wie unter antikapitalistisch und antiklerikal eingestellten linken Intellektuellen. Die Dreyfus-Affäre war Ausdruck der antirepublikanischen Gesinnung breiter Bevölkerungsschichten, die sich in den 90er Jahren des 19. Jahrhunderts in antijüdischen Exzessen Luft machte. Der jüdische Hauptmann der französischen Armee Alfred Dreyfus war 1894 unter der Anklage des Vaterlandsverrats verhaftet worden. 1899 wurde er, nach beispiellosen öffentlichen politischen Parteinahmen und Diskursen, die die Nation in zwei Lager spalteten, rehabilitiert. Die Affäre, in der sich Arbeiter und Handwerker, Angehörige der Armee, des Klerus und Freiberufler auch handgreiflich gegen die Juden engagierten, klärte immerhin die Fronten durch den Sieg der Vernunft und der Vernünftigen: Judenfeindschaft gehörte nach der Jahrhundertwende in Frankreich nicht mehr zum politischen Instrumentarium. Zwar gab es auch in Frankreich Antisemitismus, aber er blieb auf bestimmte rechtsextreme Kreise beschränkt und konnte nicht, wie in Deutschland und im übrigen Mitteleuropa, zur herrschenden Ideologie werden, die die Mitte der Gesellschaft eroberte.

Bis zum Ersten Weltkrieg wurde Judenfeindschaft im russischen Zarenreich mit größerer Vehemenz und Aggressivität praktiziert als in jedem anderen Land. Zur elenden Tradition des russischen Herrschaftssystems gehörte die Situation der Juden. Aus religiösen Gründen war ihnen der Aufenthalt im Russischen Reich ursprünglich verboten. Erst durch den Territorialzuwachs nach den polnischen Teilungen erhielt Russland jüdische Untertanen, die kurze Zeit noch gleichberechtigt waren. Ein Ukas Katharinas der Großen hatte 1791 verfügt, dass Juden nur im «Ansiedlungsrayon», das waren 25 ausgewiesene Gebiete in Bessarabien, auf der Krim, in Litauen, Polen, Weißrussland und der Ukraine, ständig wohnen durften, und auch dort nur in Städten und Dörfern, nicht auf Gütern und Bauernhöfen. Wohnrechts- und Wanderungsverbote aus Konkurrenzgründen trafen bald die meist im Handel tätigen Juden. Das Judenstatut von 1804 regelte die Diskriminierung im Detail. Am Ende des 19. Jahrhunderts lebten die Juden überwiegend ghettoisiert in den Städten, ein Drittel als Handwerker, ein Drittel als Handelsleute, den Rest bildeten Arbeiter, Tagelöhner, Schankwirte und Angehörige der Intelligenzberufe.

Die Juden waren im Alltag vielfachen Schikanen ausgesetzt,

etwa im Militärdienst (der auch Minderjährige rekrutierte): Dort wurde Druck zur Taufe geübt. Juden wurden schließlich Opfer mehrerer großer Pogromwellen, deren erste 1881/82 stattfand. Die Minderheit war Objekt einer gegen jede Reform gerichteten Ideologie, die antikapitalistisch und industriefeindlich «die Juden» als Feinde stigmatisierte und sie für alle abgelehnten neuen Ideen haftbar machte. Dem gutsbesitzenden Adel galten die Juden ebenso wie den reaktionären Staatsbediensteten als Träger westlicher Reformideen, die sich ökonomisch mit Industrie und Kapital und politisch mit Verfassung und Parlament verbanden und als unvereinbare Gegensätze zu altrussischem Recht und Brauch empfunden wurden. In Pogromen wurde das ausgelebt, in der Regel nach bestimmten Ritualen inszenierten Aufruhrs.

«Man behauptet, daß die Juden die letzten Lebenssäfte der Bevölkerung, unter der sie wohnen, aussaugen, daß sie fett und reich werden durch Ausbeutung der anderen, gleich einer Schmarotzerpflanze, die von den Säften des Baumes lebt, auf dem sie vegetiert. Jeder aber, der Gelegenheit hatte, mit eigenen Augen das jüdische Elend zu beobachten, zu sehen, wie Millionen dieser Menschenkinder in den Städten und Flecken der Ansiedelungszone unter unglaublichen Verhältnissen dahinschmachten, muß zugeben, daß entweder der fremde Lebenssaft ihnen keinen Nutzen bringt, oder daß das Geschwätz von der allgemeinen Ausbeutung durch die Juden gänzlich unwahr ist. Nicht der Reichtum, sondern die Armut der ungeheuren Mehrzahl der russischen Juden ist das, was jedem Kenner der Verhältnisse zunächst in die Augen springt. Diese Armut ist so groß, daß sie wohl selten ihresgleichen findet.» Der Verfasser dieser realistischen Beschreibung, Iwan Graf Tolstoi, war kurze Zeit, von Herbst 1905 bis Frühjahr 1906, Erziehungsminister im Kabinett des Grafen Witte gewesen. Als Liberaler war er – das zeigt auch sein Standpunkt in der «Judenfrage» – ein Außenseiter, der gegenüber den unaufgeklärten Zeitgenossen, denen «die Juden» nur Objekte waren, die für alles mögliche als Sündenböcke instrumentalisiert werden konnten, die jüdische Bevölkerung als menschliche Wesen wahrnahm.

Russland galt am Ende des 19. Jahrhunderts als Synonym für virulenten und gewaltsamen Antisemitismus. Die Juden im Ansiedlungsrayon im Westen des Landes lebten, regelmäßig von Pogromen heimgesucht, in Armut und rechtlicher Unsicherheit. Nach der Ermordung des Zaren Alexander II. (1881) nahmen die Verfolgungen an Intensität zu, insgesamt lebten die russischen Juden bis zum Ersten Weltkrieg in einer Situation wie die Juden Mitteleuropas im 18. Jahrhundert: als randständige, von jedem gesellschaftlichen Status und damit von Erwerbs- und Aufstiegschancen ausgeschlossene rechtlose Minderheit. Zunächst ohne die für Deutschland und Frankreich typischen rassistischen und nationalistischen Komponenten war Antisemitismus eine geläufige Methode russischer Politik. Man lenkte bei Bedarf den «Volkszorn» auf die Juden, öffnete damit ein Ventil für Unzufriedenheit und stiftete Frieden in der Mehrheitsgesellschaft auf Kosten der Minderheit.

Judenfeindschaft in Ost- und Ostmitteleuropa entwickelte sich entlang zweier Traditionslinien, einer esoterisch-mythischen, die aus religiöser Wurzel gespeist die Minderheit der Juden mit Verschwörungsphantasien, Blutbeschuldigungen, dem Gottesmord-Vorwurf und Ritualmordlegenden stigmatisierte, und einer aktionistischen, die sich in Gewaltexzessen entlud. Beide Manifestationen des Judenhasses äußerten sich in vielen Spielarten.

Orthodoxe Unaufgeklärtheit und schwärmerische Frömmigkeit bildeten in Russland den Nährboden für eine Judenfeindschaft, die sich für Vieles instrumentalisieren ließ und deren traditionelle topoi sich mit neuen Vorurteilen speisten. Die Schriften von Wilhelm Marr und Theodor Fritsch waren Anfang der 1880er Jahre in Russland bekannt und wurden, ebenso wie die Kongresse der Antisemiten-Liga in Deutschland, zur Kenntnis genommen. Das Pamphlet «Rede des Oberrabbiners», jene Nebenfrucht des Romans von «Sir John Retcliffe» alias Herrmann Goedsche, war um die Jahrhundertwende in Russland weit verbreitet. Russische Rechtsextremisten ließen sich aus den Magazinen deutscher Antisemiten munitionieren und den deutschen Reaktionären galten umgekehrt die Zustände des

Zarenregimes als politisches Ideal. Der 1905 gegründete protofaschistische «Verband des russischen Volkes» mit seinen paramilitärischen Formationen der «Schwarzen Hundert» kämpfte mit antisemitischen Parolen für die Autokratie von Zarenherrschaft und orthodoxer Kirche und suchte mit Ausfällen gegen Intellektuelle und mit sozialdemagogischen Forderungen breite Volksschichten zu gewinnen. Regierung und Geheimdienst alimentierten den Verband, weil sie sich davon Schutz vor der Revolution erhofften, und die Schwarzhunderter erfreuten sich des Wohlwollens des Zaren. Die Agitation, die in Pogrome mündete, arbeitete mit Vorwürfen und Schuldzuweisungen an die Juden als Ausbeuter der Arbeiter und Bauern, als Wucherer, Kapitalisten und Revolutionäre. Den Juden wurde unterstellt, sie seien die Feinde des Zaren, sie strebten nach der Herrschaft und sie stünden mit den Freimaurern im Bunde. Ein Höhepunkt der gewalttätigen Judenfeindschaft war im Oktober 1905 erreicht, als flächendeckend Pogrome im ganzen Russischen Reich stattfanden, als Fanale gegen imaginäre Feinde, als Aufstand gegen moderne Ideen, als instrumentalisierte Wut gegen politische Zustände, als patriotisches Projekt.

Eine wesentliche Voraussetzung der Judenfeindschaft war im Russischen Reich gegeben, nämlich die Existenz unaufgeklärter Bevölkerungsschichten, die durch Gerüchte und schuldzuweisende schlichte Welterklärungen zu beeinflussen waren, die habituell obrigkeitsfromm und gegen die als fremd erklärte Minderheit aufzubringen waren: «Ihr Benehmen war meist herdenartig. Es gab wohl Dörfer, in denen die Bauern zugereiste Agitatoren hinausjagten und die Veranstaltung von Krawallen ablehnten. Gewöhnlich jedoch ließen sie sich erweichen und führten die Judenplünderung wie einen Befehl aus. In einer Reihe von Ortschaften legten sie auch einen hohen Grad von Judenhass an den Tag, wurden brutal und warteten die Ankunft fremder Agitatoren erst gar nicht ab. Jedenfalls ist die Zahl der Orte erschreckend groß, in denen die Bauern über das Eigentum der Juden herfielen und sich dieses ohne die geringsten Gewissensbisse aneigneten. Vielleicht glaubten auch viele von ihnen, dass mit der Vertreibung der Juden aus den Dörfern sich ihre materielle Lage heben würde. Wie sollten sie es auch nicht glauben, da Hunderte, ja Tausende von Beamten und kleinen Hetzaposteln sie immer wieder über den verderblichen Einfluss der Juden belehrten, da sogar offiziell in Allerhöchsten Ukasen die Juden zu Ausbeutern gestempelt wurden, vor denen sie zu schützen seien? Und so erstand denn für die gequälten Judengemeinden eine neue Abart der Pogrome in Form von Austreibungsgesuchen vieler Flecken und Dörfer. Ob nun diese Wünsche befriedigt wurden oder nicht, stets war es für die gefährdeten Juden eine Qual. Doch was scherten die Bauern die Tausende von Tragödien, die sie anstifteten?»

Diese Einschätzung stammt von einer Kommission, die im Auftrag des Zionistischen Hilfsfonds in London die Massaker des Oktober 1905 in Russland untersuchte. Die Ergebnisse wurden 1910 in zwei Bänden veröffentlicht, sie bieten, systematisch geordnet, sowohl eine dokumentarische Beschreibung wie eine Analyse des Zustandes der jüdischen Bevölkerung im Russischen Reich am Anfang des 20. Jahrhunderts.

Der deutsche Schriftsteller Hans Fischer alias Kurt Aram sammelte im Sommer 1913 auf einer Reise durch Russland Eindrücke, die er unter dem Titel «Der Zar und seine Juden» als Buch publizierte. Anlass, Motiv und Wirkung der Pogrome vom Herbst 1905 beschreibt er als Inszenierung, die von der russischen Regierung mit der Überzeugung begründet wurde, die russische Revolution von 1905 «sei in der Hauptsache eine jüdische Revolution, gegen welche die loyalen Russen dann eben auf ihre Weise Front gemacht hätten und auch weiterhin nach Bedarf Front machen würden».

Solchem Reflex der Schuldumkehr hält der deutsche Beobachter die Realität entgegen, in der der Anteil der Juden an der Freiheitsbewegung in Russland angesichts der Judengesetzgebung und ihrer diskriminierenden Begleiterscheinungen zwangsläufig wachsen musste, gab es doch keine andere Bewegung in Russland, auf die Juden hätten Hoffnungen setzen können, als eine Revolution mit dem Minimalziel konstitutioneller Zustände. Die Juden im russischen Zarenreich waren aber, auch wenn sie in Teilen mit der revolutionären Bewegung sympathisiert haben, vor allem – wie seit Generationen – Opfer willkürlicher Herrschaft.

Eine Folge der Diskriminierung war die zionistische Idee, eine andere das stürmische Anwachsen des «Allgemeinen jüdischen Arbeiterbundes in Litauen, Polen und Rußland», der als eigenständige Organisation – allgemein bekannt als «der Bund» – innerhalb der sozialdemokratischen Bewegung 1897 gegründet worden war. Der Bund wurde zum Synonym für jüdisches Selbstbewusstsein. In den nicht-jüdischen revolutionären Parteien Russlands waren Juden stark vertreten, bei den Bolschewiken stellten sie etwa 11 %, bei den Sozialrevolutionären 14 % und bei den Menschewiki knapp 23 % der Funktionäre. 1903 hatten die Delegierten des Bundes beschlossen, eine Organisation zur jüdischen Selbstverteidigung zu gründen, daraus entwickelten sich bewaffnete Verbände, die in der Revolution von 1905 bereits eine aktive Rolle spielten. Das gab wiederum den Bürokraten und Agitatoren des absolutistischen Regimes das willkommene Argument an die Hand, «die Juden» attackierten die staatliche Ordnung auf besonders aggressive Weise, und das bot Anlass zu antisemitischer Propaganda mit dem Tenor, die Obrigkeit müsse die «echtrussischen Patrioten» zu Hilfe rufen, um den Zaren und die göttliche Ordnung zu verteidigen. Der Kreis hatte sich geschlossen.

Die Wahrnehmung der Opfer der Pogrome als Täter entwickelte Traditionen, die bis in die Gegenwart wirken. Dass Juden im Zionismus, dem Streben nach einer selbstbestimmten nationalen Heimstatt, den Ausweg aus der Misere rechtloser Existenz im zaristischen Russland suchten, wird ihnen so verübelt wie die Tatsache, dass manche Juden die Arbeiterbewegung und den Sozialismus als Chance zur Emanzipation begriffen. Die Legende von der jüdischen Dominanz bei der Entstehung und Durchsetzung des Kommunismus hat im Versuch russischer Juden zur Pogromzeit, sich gegen die aggressive Mehrheit zu behaupten, ihren Ursprung. Nach der Scheinlogik des Vorurteils, nach der irrationalen Mechanik der Judenfeindschaft wurde das Bedürfnis nach Emanzipation und Sicherheit mit Argumenten der Rassenideologie und der Verschwörungsphantasien erklärt und zum Konstrukt der jüdischen Erfindung des Bolschewismus verdichtet.

Die Ressentiments gegen Juden waren in Russland ein Element des offiziellen Politikverständnisses. Anders als im übrigen Europa waren nicht bestimmte Schichten – ein von Ängsten geplagter Mittelstand in Deutschland, aggressives Kleinbürgertum in Österreich, das antirepublikanische und das katholische Milieu in Frankreich – Träger der Judenfeindschaft, sondern das gesamte Establishment der Zarenherrschaft – Aristokratie, orthodoxe Kirche, Militär, Justiz. In der Unsicherheit gegenüber Reformen, der Furcht vor der Revolution waren sich die staatstragenden Schichten in der Ablehnung der jüdischen Minderheit einig und benutzten den Hass auf die Juden als Mittel zum Machterhalt. Die «Protokolle der Weisen von Zion» sind in diesem Zusammenhang entstanden. In der Denunziation «der Juden» als Verursacher allen Ungemachs, als Gefahr für den gesellschaftlichen Frieden im konservativen und reaktionären Verständnis besteht das Motiv und in der Handlungsanweisung, nach dem Erkennen der «jüdischen Bedrohung» diese zu bekämpfen, die politische Absicht.

## 5. Die Verbreitung der Legende

Zum Umkreis des rechtsradikalen «Verbands des russischen Volkes» gehörte der Mann, der die Verbreitung der «Protokolle» erfolgreich ins Werk setzte, Sergej Alexandrowitsch Nilus. 1862 in Moskau als Sohn eines Gutsbesitzers im Gouvernement Orel geboren, hatte er Jura studiert und war kurze Zeit im Staatsdienst gewesen. Er war gebildet und sprach gut deutsch, französisch und englisch. Um die Jahrhundertwende verfiel er den Lockungen eines verbreiteten Mystizismus und gab sich apokalyptischen Ängsten in Erwartung des Antichrist hin. Immer stärker geriet er in das Fahrwasser kulturpessimistischer Sektierer. Er stand unter dem Einfluss des Erzpriesters Joan von Kronstadt, der als Antisemit, Wunderheiler, Dämonenaustreiber, Hellseher, Prediger weithin berühmt war.

Nilus begab sich gern auf Pilgerreisen und lebte 1901–1912 im Umfeld des Klosters Optina Pustyn', wo er sich schriftstellernd im Genre mystischer Erbauungs- und Erweckungsliteratur betätigte. Mönch oder Professor, als der er in der Literatur oft erscheint, war er nie. Sein folgenreichstes Buch erschien erstmals 1903 unter dem Titel «Das Große im Kleinen», es war eine Kompilation aus okkulten Traumgeschichten, Skizzen aus dem Klosterleben, Beschreibungen von Wundern. Das Buch war erfolgreich und bald vergriffen. Im Dezember 1905 erschien eine stark veränderte Neuausgabe, die als Anhang erstmals den Text der «Protokolle der Weisen von Zion» enthielt.

Inzwischen war der Verfasser selbst Gegenstand von Fiktionen, nämlich angeblicher Akteur einer Hofintrige, geworden. Um den Einfluss fremder Scharlatane bei Hof zu brechen, sollte Nilus – nach einer seit 1921 von Alexandre du Chayla verbreiteten Geschichte – als Konkurrent des französischen Martinisten Philippe aufgebaut werden, dazu gehörte auch ein Heiratsprojekt mit der ehemaligen Hofdame Elena Alexandrowa

Oserowa, einer Vertrauten der Zarin. Nilus habe sich auf den Priesterstand vorbereitet, eine Karriere als geistlicher Berater und Beichtvater des Zaren vor Augen. Die Verweigerung der Priesterweihe durch den Kazaner Erzbischof nach Enthüllungen über das Vorleben Nilus' habe den Traum beendet. Die schriftstellerische und okkulte Wirksamkeit des Sergej Nilus dauerte an. Neben Heiligenviten und anderer frommer Prosa erschien 1911 eine dritte Auflage des Buches «Das Große im Kleinen», in der die apokalyptische Tendenz und der antisemitische Charakter durch die erhebliche Erweiterung des Teiles, der die Protokolle enthielt, zum Ausdruck kam.

Nilus' Schreiben und Treiben nahm immer wahnhaftere Züge an, ist aber weiter nicht mehr von Belang, da sich inzwischen sein Werk, genauer der antisemitische Teil desselben, verselbständigt und auch den Weg in den Westen gefunden hatte. Nilus' Sohn Sergej konnte am Ende des Ersten Weltkrieges nach Deutschland gelangen und fand dort Verbindungen zur deutschen Rechten. Der Vater starb im Januar 1929 an einem Herzanfall. Revolution, Bürgerkrieg und Terror hatte Nilus trotz mehrmaliger Verhaftung und einiger Gefängnisaufenthalte einigermaßen überstanden.

Wann und unter welchen Umständen Nilus in den Besitz der «Protokolle» gelangte, steht ebenso wenig fest, wie die genauen Umstände der Entstehung dieses Dokuments der Judenfeindschaft bekannt sind. Die obskure Herkunft des Textes und die trüben Quellen haben zahlreiche Autoren zu Spekulationen verführt, die freilich wenig Licht in das Dunkel brachten, aber eine ständig wachsende Literatur hervorbringen, und nicht wenige Autoren sind dabei der Faszination des sinisteren Sujets erlegen, das seine Wirkung aus der Verwischung der Grenzen von Fiktion und Realität bezieht.

Im deutschen Sprachraum sind die Protokolle am Ende des Ersten Weltkriegs aufgetaucht. Im Sommer 1919 kursierten, von russischen Emigranten lanciert, mit Schreibmaschine geschriebene Exemplare. Publiziert wurden sie im Januar 1920 erstmals im völkischen Verlag «Auf Vorposten», herausgegeben (im Auftrag des «Verbands gegen Überhebung des Judentums

e. V.») von Gottfried zur Beek, der mit richtigem Namen Ludwig Müller hieß (er benutzte auch das Pseudonym Müller von Hausen) und der gleichzeitig der Verleger war. An der Finanzierung der Publikation hatten sich, vermittelt durch den Fürsten Otto zu Salm-Horstmar, konservative ehemalige Mitglieder des Preußischen Herrenhauses, wohl auch Angehörige des Hauses Hohenzollern, beteiligt. Das Buch erreichte bis 1923 acht Auflagen, die neunte erschien 1929 im Parteiverlag der NSDAP, der die Rechte erworben hatte. Im Vorwort von 1929 hieß es: «Das kommende nationalsozialistische Großdeutschland wird dem Judentum die Rechnung präsentieren, die dann nicht mehr mit Gold zu bezahlen ist». 1933, im Jahr des Machterhalts der Nationalsozialisten, war die 33. Auflage erreicht.

Zur Beek/Müller ging in seiner Einführung ausführlich auf die Fälschungsvorwürfe ein, erklärte das Buch von Joly als Vorläufer im gleichen Geist, es sei «tatsächlich ein Vorgänger der Geheimnisse der Weisen von Zion und gestattet uns einen ausgezeichneten Einblick in die jüdische Verschwörerkunst». Im Übrigen sei Joly selbst Jude, und die Anklänge an Goedsche alias Retcliffe wurden abgetan, da angeblich nicht wörtlich zu belegen. Zur Beek/Müller führte aber zum Beweis der Echtheit einen Zeugen ein, der die Protokolle «schon vor 25 Jahren in hebräischer Sprache in Odessa gelesen» habe, und brachte, als Beleg der Seriosität, die Sache mit Theodor Herzl und dem Baseler Zionistenkongress von 1897 in Verbindung, zu allem Überfluss aber auch noch mit den Bestrebungen der Ernsten Bibelforscher (Zeugen Jehovas).

Das Buch traf die Bedürfnisse Vieler: der nach dem verlorenen Weltkrieg Enttäuschten, die nach esoterischen Erklärungen für die deutsche Niederlage suchten wie die Anhänger Ludendorffs, der Völkischen Bewegung, der Deutschnationalen Volkspartei, der sich um Hitler formierenden extremen Rechten. Im holländischen Exil war Wilhelm II. davon überzeugt, dass sein Sturz als deutscher Kaiser das Werk der «Weisen von Zion» gewesen sei. Akademiker und andere Gebildete – Lehrer, Universitätsprofessoren, Studierende – waren wie Grundbesitzer und bürgerlicher Mittelstand ebenso wenig gefeit gegen das abstruse

Weltbild der «Protokolle» wie Aristokraten und Geistliche. Nirgendwo wurde die Botschaft so begierig aufgenommen wie im Deutschland der Weimarer Republik. Sie bot den von Erbitterung und Statusverlust sowie Existenzangst Geplagten einen Ausweg aus den Selbstzweifeln, in die sie die schmachvolle Lage des Vaterlandes gestürzt hatte. Sie waren, wenn sie an die jüdische Weltverschwörung glaubten, des Grübelns über die Ursachen der deutschen Niederlage enthoben, denn offensichtlich gab es eine geheime Macht, deren Plan stärker war als alle eigenen Anstrengungen.

Die Bereitschaft, an das Konstrukt der «Protokolle» zu glauben, sich durch die Botschaft von der jüdischen Heimtücke erlösen zu lassen, war wichtiger als das Motiv der Emigranten aus dem zusammengebrochenen Zarenreich, eines Fjodor Winberg und eines Pjotr Schabelski-Bork, in deren Gepäck die «Protokolle» nach Deutschland gelangt waren. Die beiden ehemaligen zaristischen Offiziere betätigten sich in Berlin als Publizisten, von ihnen hatte Ludwig Müller den Text.

Schlimmer noch als das Wahngebilde selbst waren die Auslegungen seiner Herausgeber, allen voran die von Ludwig Müller alias zur Beek. Am folgenreichsten war seine Denunziation des deutschen Industriellen und demokratischen Politikers Walther Rathenau, der 1921 Wiederaufbau- und 1922 Außenminister wurde. Als Jude und Demokrat war Rathenau politisch stigmatisiert. Eine Sentenz Rathenaus aufgreifend, nach der die ökonomischen Geschicke der Welt von etwa 300 Männern – Wirtschaftsführern, Unternehmern, Bankiers – bestimmt würden, machte Müller/zur Beek ihn zu einem der «300 Weisen von Zion». Damit munitionierte er die Demagogen, die eine beispiellose Hetzkampagne entfachten, in deren Folge Rathenau am 24. Juni 1922 ermordet wurde. Seine Mörder haben vor Gericht den Zusammenhang mit dem Pamphlet gestanden. Auch Alfred Rosenberg hat in seinem Kommentar zu den «Protokollen» noch nach dem Tod Rathenaus daran festgehalten.

1924 brachte der antisemitische Hammer-Verlag eine Ausgabe heraus, in deren Vorrede der Herausgeber (und Verleger) Theodor Fritsch voll Biedersinn zur Frage der Echtheit erklärte, «der arglose, naive und vertrauensselige Deutsche wird es bezweifeln. In der Geradheit seiner Seele kann er sich nicht vorstellen, daß soviel List, Tücke und Bosheit in Menschenhirnen wohnen könnte». Als Echtheitsbeweis führte Fritsch schließlich an, er könne sich nicht vorstellen, dass ein «arischer Kopf» ein solches «System spitzbübischer Niedertracht» überhaupt ersinnen könne. Und im Fettdruck kam Fritsch mit Schuldzuweisungen an das «Weltjudentum» und der Aufforderung zur Nutzanwendung der gewonnenen Erkenntnis zum Schluss: «Das Endergebnis aus den zionistischen Protokollen aber ist dies: Wenn es eine Tatsache ist, daß – wie die Protokolle rühmend verkünden – die jüdische Internationale heute die Völker beherrscht – seit Jahrzehnten beherrscht, – wenn sie mit allen Mitteln der List, des Truges, der Massenbetörung und der Finanz-Machenschaften die Schicksale der Völker lenkt – wenn die Fürsten und Staatsmänner nur Drahtpuppen in ihren Händen waren: so ist es auch unabweisbare Tatsache, daß alle großen politischen Geschehnisse der letzten Jahrzehnte ein Werk der Juden sind und nur mit deren Willen und Einverständnis sich vollzogen haben – auch das furchtbare Verbrechen des Weltkrieges! – Sie allein sind die Verantwortlichen für die furchtbare Notlage der Völker! Und für alles aus der heute geschaffenen politischen und wirtschaftlichen Lage entspringende weitere Elend müssen wir die wirklichen Machthaber als die allein Schuldigen zur Verantwortung ziehen: den geschworenen Feind der ehrenhaften Menschheit – das verbrecherische, international verbündete Judentum.»

Um 1922 erschien im Karl-Rohm-Verlag in Lorch (Württemberg), der Ludendorffiana, Antisemitica und historische Dramen publizierte, eine Broschüre, die unter dem Titel «Der Jüdische Kriegsplan zur Aufrichtung der Juden-Weltherrschaft» eine auf Leitsätze eingedämpfte Kurzfassung der «Geheimnisse der Weisen von Zion» nach der 7. Auflage von 1922, der Version von «Gottfried zur Beek» alias Ludwig Müller von Hausen, bot. Das Traktat hatte keinen Verfasser, trug aber das Programm auf dem Umschlag: «Die Juden bestreiten zwar die Echtheit dieser Dokumente, aber jeder vernünftige Mensch, der logisch denken kann und die Fähigkeit hat, aus tausendfach im Leben zu beobachtenden Ereignissen und Tatsachen Schlüsse zu ziehen auf die Ursachen und Ideen, die allem Geschehen zugrunde liegen, wird unschwer die Gewißheit erlangen, daß hier ein geheimer jüdischer Plan enthüllt ist, nach dem die Judenheit seit langer Zeit handelt.»

Im Deutschen Volksverlag Dr. Ernst Boepple (einer antisemitisch-völkischen Filiale des Münchener Verlags J. F. Lehmanns) veröffentlichte Alfred Rosenberg, damals völkischer Publizist und Gefolgsmann Adolf Hitlers, der mit seinem Buch «Der Mythus des 20. Jahrhunderts» zum Theoretiker der NS-Bewegung werden sollte, 1923 einen Traktat über die Protokolle, deren «Original» er mit Basel 1897 datierte. Auch Rosenbergs Schrift, die viele Zitate und noch mehr Erläuterungen dazu enthält, erfuhr rasch viele Auflagen, im Herbst 1933 waren bereits 25 000 Exemplare verkauft.

Rosenberg betätigte sich ein zweites Mal als Exeget der «Protokolle» – mit der Broschüre «Der Weltverschwörerkongreß zu Basel», in der es angeblich «um die Echtheit der zionistischen Protokolle» ging. Das Heft erschien 1927 im Zentralverlag der NSDAP. Mit seinen Argumenten blieb Hitlers Chefideologe auf dem milieuadäquaten Niveau argwöhnischer und auftrumpfender Unterstellung wie der Vermutung, Theodor Herzl müsse ernsthaft als Verfasser der «Protokolle» in Betracht gezogen werden, und der Behauptung, Maurice Joly sei Jude gewesen und einer der Führer der Pariser Kommune (die ihn freilich, folgt man den Tatsachen, eingekerkert hatte).

Keine andere Fälschung hatte größere Wirkung als das Machwerk über die jüdische Weltverschwörung, weil das Publikum an die griffige Welterklärung glauben wollte. Binjamin Segel, der 1924 ein kritisches Buch über die Protokolle veröffentlichte, hatte die Reaktionen gründlich studiert: «In Berlin wohnte ich mehreren Versammlungen bei, die ganz den Protokollen gewidmet waren. Als Redner trat gewöhnlich ein Professor, ein Lehrer, ein Redakteur, ein Staatsanwalt oder dergleichen auf. Die Zuhörerschaft bestand aus Angehörigen der gebildeten Klasse, Beamten, Kaufleuten, ehemaligen Offizieren, Damen und hauptsächlich Studenten, Studenten aller Fakultäten und Semester. Es war wie bei den mittelalterlichen Glaubensdisputationen. Die Leidenschaften wurden bis zur Siedehitze aufgepeitscht. Da hatte man sie ja leibhaftig vor sich, die Ursache aller Übel, die Anstifter des Krieges, die Urheber der Niederlage, die Macher der Revolution, die das ganze Elend über uns heraufbeschworen hatten. Dieser Feind war in der nächsten Nähe, mit Händen zu greifen, und dennoch war das ein Feind, der im Dunkeln schlich, und es graute einem bei dem Gedanken, was er im Schilde führte. Ich beobachtete die Studenten. Einige Stunden zuvor hatten sie vielleicht in einem Seminar unter Anleitung eines weltberühmten Forschers an der Lösung eines juristischen, philosophischen oder mathematischen Problems all ihre Geisteskräfte angestrengt. Nun kochte das junge Blut, die Augen blitzten, die Fäuste ballten sich, heisere Stimmen brüllten Beifall oder stießen Entrüstungs- und Racheschreie aus. Manchmal wurde eine Aussprache zugelassen: Wer es wagte, einen leisen Zweifel zu äußern, wurde niedergeschrien, oft beschimpft und bedroht. Wäre ich als Jude erkannt worden, ich zweifle, ob ich heil die Stätte verlassen hätte. Die deutsche Wissenschaft aber ließ es geschehen, daß der Glaube an die Echtheit der ‹Protokolle› und an das Bestehen einer jüdischen Weltverschwörung sich immer tiefer in alle gebildeten Schichten des deutschen Volkes hineinfraß, so daß er heute schier unausrottbar ist. Hier und da äußerte ein ernstes christliches Blatt leise Zweifel, machte sanfte und milde Einwendungen, das war aber auch alles.»

Widerlegungen nutzten von Anfang an nichts, ja sie trugen zum öffentlichen Erfolg der Fälschung bei, durch Publizität und die Bekräftigung der Vermutung, «irgend etwas müsse an der Geschichte ja wohl dran sein». Das zeigte sich erstmals anlässlich der Verbreitung der «Protokolle» in Großbritannien. Im Juli 1920 waren sie von der konservativen Zeitung «Morning Post» publiziert worden, eine Buchausgabe folgte noch im gleichen Jahr. Nachdem auch die seriöse «Times» sich des Falles angenommen und eine Untersuchung der Herkunft der Protokolle verlangt hatte, fiel ihrem Istanbuler Korrespondenten Philip Graves ein Exemplar der Vorlage, des Buches von Joly aus dem Jahr 1864, in die Hand, und Graves schrieb im August 1921 eine Artikelserie, in der die Protokolle als Fälschung entlarvt wurden.

Zu diesem Zeitpunkt waren jedoch bereits Hunderttausende Exemplare auf dem Markt. In den USA stellte der Automobilfabrikant Henry Ford nicht nur seine Überzeugungen, sondern auch seine finanziellen und publizistischen Möglichkeiten in den Dienst antisemitischer Propaganda und half, die Protokolle zu verbreiten. Das unter seinem Namen veröffentlichte Buch «The International Jew» war aus einer Artikelserie der Zeitung «Dearborn Independent», die Henry Ford gehörte, hervorgegangen. Als er sich 1927 – unter öffentlichem Druck – davon distanzierte, war das Buch längst weltweit in vielen Sprachen zugänglich. In Deutschland war 1933 die 29. Auflage erreicht. Die Wirkung reichte viel weiter, wie etwa der Rede des Abgeordneten Hohmann im Oktober 2003 zu entnehmen war, der Henry Ford respektvoll zitierte. 1936 publizierte der Hammer-Verlag des Theodor Fritsch eine weitere von inzwischen unzähligen Kompilationen zum Thema. Unter dem Titel «Jüdische Weltmachtpläne» hatte ein Freiherr von Engelhardt (firmierend als «bisher Leiter des Instituts zum Studium der Judenfrage in Berlin») Mutmaßungen und Erfindungen zum Thema der «Protokolle» zusammengeklittert. Er griff alle gängigen Topoi der Entstehung des antisemitischen Produkts auf, rätselte über Theodor Herzl als möglichen Verfasser, enthüllte die vermeintlich «weltumstürzlerischen Pläne des Illuminaten-Ordens» und führte allerlei Autoritäten an wie den nachmaligen ungarischen Ministerpräsidenten Gömbös und den Metropoliten Antonius, das Haupt der Russischen Rechtgläubigen Kirche außerhalb der Sowjetunion, um Unbeweisbares zu beweisen.

Die Broschüre ist nur deshalb von Interesse, weil sie die Methode zeigt, mit der alle arbeiten, die sich auf die «Protokolle» als ernstzunehmende Quelle berufen. Aus Behauptungen und Unterstellungen, deren Echtheit dadurch erhärtet wird, dass sie als «außer jedem Zweifel stehend» apostrophiert sind, durch die Nennung von Namen, deren Träger zu Experten für Beliebiges deklariert werden, durch Zitierkartelle und Wiederholungen soll Beweiskraft entstehen, die tatsächlich schlichte Gemüter durch die Materialschlacht von vermeintlichen Fakten, Belegen, Verweisen beeindruckt. Es ist die gleiche Methode, mit der auch Holocaustleugner operieren. Die Ankündigung neuer Quellen zur Stütze abstruser Behauptungen gehört ebenso zum Repertoire des Propagandisten wie die Beteuerung seines Expertentums. Im Falle des Freiherrn Engelhardt wurde sie verlagsseitig beschworen: «Das Gesamtergebnis seiner Forschungen ist in knapper, übersichtlicher Form in der vorliegenden Arbeit zusammengestellt. Das darin enthaltene quellenmäßig einwandfreie Material ist zum großen Teil bisher vollkommen unbekannt und gibt außerordentlich interessante Aufschlüsse über die Entstehung dieser jüdischen Richtlinien zur Erringung der Weltherrschaft. Mit Recht kann man daher diese Arbeit als einen der wichtigsten Beiträge zur Klärung dieser Frage und somit der Judenfrage überhaupt bezeichnen.»

Zu aufklärerisch hatte Binjamin Segel seiner Studie über die Protokolle den Untertitel «Eine Erledigung» gegeben. Das gründlich recherchierte Buch kam 1924 in Berlin in die Buchhandlungen. Es hatte freilich schon deshalb wenig Wirkung, weil es in einem jüdischen Verlag publiziert wurde und daher von den Antisemiten als eine Art Schadensbegrenzung im jüdischen Interesse betrachtet wurde. Der Verfasser hatte aber auch selbst ahnungsvoll im Vorwort geschrieben: «Wir sagten uns, es ist überflüssig, gegen dieses dumme Zeug anzukämpfen, das wird über kurz oder lang unter dem Hohnlachen der ganzen Welt zusammenbrechen. Wir haben uns getäuscht. Wir haben die Dummheit und Leichtgläubigkeit der Welt sehr erheblich unterschätzt. Mit diesen Protokollen hat gleichsam die Geschichte das Experiment gemacht, was man alles in einem aufgeklärten Zeitalter den Massen zumuten darf, die sich rühmen, die Vertreter von ‹Bildung und Besitz› zu sein.»

Aktuelle Beispiele für den Transport des verschwörungstheoretischen Ideologems «Protokolle» sind leicht zu finden. Zu den aufwändigen Freizeitaktivitäten moderner Erwachsener gehören neben Golf, Bildungsreisen, Gourmetkochkursen, Aufenthalten in Antik-Hotels auch Rollenspiele. Besonders beliebt sind

Reisen in die Vergangenheit, im Originalkostüm, in authentischem Gestus und Habitus mit sprachlicher und historischer Detailkompetenz. Akteure und Spielleiter erwerben das notwendige Wissen und Können für die Zeitreise und für stilvolles Agieren in der gewählten Epoche aus Quellenbüchern. Ein solches, das unter dem opulenten Titel «Doctor Nagelius' wohlfeiles und weitschweifiges, exzentrisches und eklektisches Encyclopaedisches Compendium der bekannten Welt» im Jahre 2002 erschienen ist, bereitet auf spielerische Aktivitäten in der Gesellschaft des ausgehenden 19. Jahrhunderts vor. Im Compendium finden sich auf S. 127 im Großen und Ganzen brauchbare und korrekte Informationen zu den Themen Kirche und Religion, darunter ein Kasten über «Ernste Bibelforscher», Bemerkungen über Christliche Sekten, Antisemitismus, Geheimbünde und esoterische Gruppen.

In einem Kasten erscheint aber auch der folgende Text über die «Protokolle der Weisen von Zion»: «Dieses Manuskript, das eine weltweite Verschwörung des Judentums zum Inhalt hat, wird zwar angeblich erst 1897 auf einem Kongress in Basel verfasst und 1903 in Russland von Sergei Nilus entdeckt, doch braucht das die Spielleiterin nicht wirklich zu stören. Zum einen kann man den Text ja früher finden lassen; zum anderen kann es natürlich sein, dass es diese Verschwörung tatsächlich gibt und sich ihre Anführer alle Mühe geben, die Veröffentlichung dieses Manuskripts zu verhindern – weshalb es dann auch bis 1903 dauert ... Dieses Dokument legt die Pläne einer ‹internationalen jüdischen Verschwörung› zur Übernahme der Welt dar. Diese Pläne umfassen die Zerschlagung bestimmter Regierungen, das Unterwandern der Freimaurer und vergleichbarer Organisationen, sowie die Übernahme der Kontrolle von Wirtschaft und Bildung in der westlichen Welt. Außerdem beschreibt der Text, wie ganze Völker und Kulturen über Jahrhunderte hinweg im Rahmen eines großen Plans manipuliert und gelenkt wurden. Zwar hält man heutzutage diese Protokolle für hanebüchene Fälschungen, doch das mag die Spielleiterin ganz anders sehen ... Vielleicht stimmt ja auch die These, dass Nilus ein tatsächliches Manifest einfach nur auf die Zionisten umschrieb, um in Russland eine antijüdische Stimmung anzuheizen – und/oder von den wahren Betreibern des Komplotts abzulenken?»

Der Verfasser des Rollenspiel-Quellenbuchs, dem keineswegs von vornherein und generell eine antisemitische Weltsicht unterstellt werden soll, muss sich die Frage gefallen lassen, ob er aus Absicht oder Fahrlässigkeit – denn Unkenntnis scheidet nach dem Kontext aus – den Prototyp judenfeindlicher Unterstellung verbreitet. Mit der konjunktivischen Behandlung der Echtheitsfrage steht er in der Tradition antisemitischer Kolportage, mit der Beliebigkeit des Angebots relativiert er jedes Bemühen um Aufklärung, und die Ausrede, es handele sich lediglich um ein Angebot zu spielerischem Tun, ist ebenso abwegig wie die Beteuerung eines Brandstifters, er habe doch nur einmal sehen wollen, ob Stroh wirklich brenne, als er in rein spielerischer Absicht ein brennendes Streichholz in die Scheune geworfen habe. Der leichtfertige Umgang mit den Stereotypen der Intoleranz, des Rassismus, der stigmatisierenden Schuldzuweisung an Minderheiten ist skandalös und durch nichts zu rechtfertigen. Denn mit genau dieser Methode der Beliebigkeit des Angebots von Informationen werden formelhafte Vorstellungen verbreitet und gefestigt.

Die Gebrauchsanweisung fürs Rollenspiel hat ein Vorbild im «General Universal Role-Playing System» (handlich abgekürzt GURPS). In «GURPS Illuminati» oder «The world is stranger than you think» bietet Nigel D. Findley Material zu einem Rollenspiel über Verschwörungstheorien, in dem die «Protokolle der Weisen von Zion» natürlich vorkommen. Sie sind zwar dort mit deutlicherer Distanz als im deutschen Quellenbuch eingeführt, werden aber doch als Sensation angeboten und mit allerlei historischem Unsinn garniert.

Die Erwähnung der Freimaurer erstaunt im Kontext der «Protokolle» wenig, sie ist allenfalls als Indiz für seit dem 19. Jahrhundert amalgamierte Verschwörungsphantasien bemerkenswert. Dass die «Ernsten Bibelforscher» (so nannte sich früher die Glaubensgemeinschaft der Zeugen Jehovas) im Quellenbuch zum Rollenspiel auf derselben Seite wie die «Protokolle» und zusammen mit Geheimbünden und esoterischen Gruppen genannt werden, deutet auf die Quellen, aus denen geschöpft wurde: Einen solchen Zusammenhang hat Müller/zur Beek in seiner Ausgabe der «Protokolle» im Jahr 1919 konstruiert.

## 6. Aufklärung als Waffe? Der Berner Prozess und andere Abwehrversuche

1933 beschäftigte sich ein Schweizer Gericht auf Antrag der Israelitischen Kultusgemeinde Bern und des schweizerischen Israelitischen Gemeindebundes mit den «Protokollen». Juristische Grundlage war ein Gesetz des Kantons Bern gegen Schundliteratur, und Anlass der Klage war eine Kundgebung Schweizer Nationalsozialisten am 13. Juni 1933, bei der antisemitisches Propagandamaterial verkauft worden war, darunter die «Protokolle» in der Ausgabe von Theodor Fritsch.

Der Prozess begann im November 1933 in Bern. Angeklagt waren Mitglieder der Schweizer «Nationalen Front» und des Bundes nationalsozialistischer Eidgenossen wegen der Verbreitung von Hetzschriften mit beleidigendem Inhalt. Im Mittelpunkt standen die «Protokolle». Die Kläger hatten insbesondere auf den volksverhetzenden Kommentar des Herausgebers Fritsch und dessen Schlussfolgerungen abgehoben: «Eines aber ergibt sich als unabweisbare Forderung aus diesen ‹Protokollen›: Das Judentum darf nicht länger unter uns geduldet werden! Es ist eine Ehrenpflicht der gesitteten Nationen, dieses räudige Geschlecht auszuscheiden, da es schon durch seine Anwesenheit alles verpestet, die Völker geistig und seelisch krank macht, gleichsam die geistige Luft vergiftet, in der wir atmen.» Die Vertreter der Kläger, Rechtsanwalt Georges Brunschvig und Professor Hans Matti, stellten Antrag auf Prüfung der Echtheit der «Protokolle». Die Verteidigung hatte die Echtheit behauptet und einen Zeugen aufgeboten, einen jungen Gesinnungsgenossen der Angeklagten, der dem Gericht erklärte, dass er an die «Protokolle» glaube, auch wenn man ihm hundert Mal das Gegenteil beweise.

Sachverständige wurden beauftragt, Zeugen geladen, Expertisen angefertigt, Beweise erhoben. Das nationalsozialistische

Deutschland steuerte zur Unterstützung der Angeklagten den Oberstleutnant a. D. Ulrich Fleischhauer als Experten bei, der «in dankbarer Erinnerung den verstorbenen Vorkämpfern Theodor Fritsch und Dietrich Eckart» ein ebenso umfangreiches wie neue Fälschungen und Verdrehungen enthaltendes «Sachverständigengutachten» vorlegte (in dem er nach bekannter Manier auch Freimaurer und Ernste Bibelforscher in die Verschwörungsphantasien einbezog). Fleischhauer, 1919 Gründer eines antisemitischen Verlags, war Funktionär der von nationalsozialistischen Behörden subventionierten antisemitischen Propaganda-Agentur «Weltdienst» in Erfurt und daher wenig geeignet, zur Wahrheitsfindung beizutragen. Immerhin hatten die Angeklagten mit ihm wenigstens in formaler Hinsicht einen Experten. Denn, ehe sie die NSDAP zur Hilfe riefen, hatte sich niemand finden lassen, der die Echtheit der «Protokolle» beweisen wollte. Fleischhauers Argumentation folgte durchgängig diesem Muster: «Wissen wir also, daß das Judentum eine auf Unmoral oder Immoral, auf naturwidrigem Unrecht und verzehrendem Machthunger aufgebaute, jahrtausendealte, geheim zusammengehaltene gigantische Verbrecherorganisation ist, dann wissen wir auch, mit welchen Mitteln diese hereditäre Gangsterbande gegen uns, die wir nicht zu ihrer Gilde gehören, ankämpft.» Fleischhauers Sachverständigengutachten überzeugte das Gericht nicht, aber es wurde von seinen Anhängern als Beweis für die Bedeutung der «Protokolle» alsbald veröffentlicht und diente den Antisemiten als Selbstbestätigung.

Unvoreingenommene Gutachter und Zeugen wie der französische Graf Alexandre du Chayla, der zwölf Jahre in Russland gelebt und Sergej Nilus gekannt hatte, brachten zur Überlieferungs- und Entstehungsgeschichte die Fakten ein, die bis heute unsere Kenntnis der Geschichte der «Protokolle» im Wesentlichen bestimmen. Der als Sachverständiger geladene Schriftsteller Carl Albert Loosli führte nicht nur Dokumente aus der Sowjetunion an, die Aufschluss über die Entstehung der «Protokolle» gaben, er engagierte sich vor Gericht auch mit Leidenschaft und drastischer Rhetorik für die Sache der Vernunft, gegen Antisemitismus im Mimikry der Wissenschaftlichkeit: «Wenn es Wissenschaft heißen soll, daß jeder Hernickel, Harmann, Denke, Julius Streicher vermögens seiner nordisch-arischen Abkunft edleren Blutes ist als unsere Juden, unsere Freimaurer, unsere Sozialisten, unsere Freisinnigen, dann bitte ich um einen wohlgezielten Gnadenschuß, denn dann freut mich mein irdisches Dasein keine Minute länger.»

Das Gericht kam in erster Instanz 1935 zu dem Ergebnis, dass die «Protokolle» als Fälschung dem Genre der «Schundliteratur» zuzurechnen seien, verurteilte die angeklagten Schweizer Nationalsozialisten zu einer Geldstrafe, und die Vernunft hatte gesiegt.

Freilich nicht auf Dauer, denn 1937 hob das Berner Obergericht das Urteil teilweise wieder auf, weil die Berufungsinstanz zu dem Schluss gekommen war, der Schuldvorwurf sei so nicht aufrechtzuerhalten, weil die Komponente der «Unzucht» fehle, um die Protokolle als Schundliteratur zu klassifizieren. Die Antisemiten feierten diese formaljuristische Erkenntnis als Sieg; an der Frage der Echtheit waren sie ja ohnedies nie interessiert gewesen, sie hatten die Behauptung, die «Protokolle» seien ein echtes Dokument, im Prozess auch nicht lange aufrechterhalten.

Der Siegeszug der «Protokolle» war längst nicht mehr zu bremsen, und er vollzog sich auch ideologieübergreifend. Das Konstrukt der jüdischen Weltverschwörung diente schließlich sogar in der Sowjetunion als Propagandavorwurf, es taugt der arabisch-islamischen Welt als Waffe gegen Israel, die «Protokolle» werden in Japan gelesen: Sie befriedigen offenbar zeitlose Bedürfnisse nach Welterklärung jenseits der Rationalität.

Das geheimnisvolle Dunkel der Entstehung der «Protokolle» hat über den rationalen Forscherdrang der Historiker und Sozialwissenschaftler hinaus Autoren animiert. Danilo Kiš, serbisch-jüdischer Schriftsteller, lässt im «Buch der Könige und Narren» Sergej Nilus als frommen und verehrungswürdigen Eremiten auftreten, und Umberto Eco schildert im «Foucaultschen Pendel» Nilus und die Motive seiner Hintermänner: «Nilus war ein wandernder Mönch, der in talarähnlichen Gewändern durch die Wälder zog, ausgerüstet mit einem langen Prophetenbart, zwei Frauen, einer kleinen Tochter und einer Assistentin oder Geliebten oder was auch immer, die alle an seinen Lippen hingen. Halb Guru, einer von denen, die dann mit der Kasse durchbrennen, halb Eremit, einer von denen, die andauernd schreien, das Ende sei nah. Und tatsächlich war seine fixe Idee die Verschwörung des Antichrist. Der Plan seiner Förderer war, ihn zum Popen ordinieren zu lassen, auf daß er dann durch Heirat (eine Frau mehr, eine weniger) mit Elena Alexandrowna Oserowa, einer Hofdame der Zarin, zum Beichtiger des Herrscherpaars würde.»

Eco hat sich über die fiktionale Verarbeitung des Stoffs hinaus erkenntnistheoretisch und literaturwissenschaftlich mit dem Phänomen der «Protokolle» auseinandergesetzt. In Vorlesungen an der Universität Harvard über Erzähltheorie betrachtete Eco die literarischen Wurzeln der Fälschung (wobei er im Wesentlichen dem Standardwerk von Norman Cohn folgte). Die Entdeckung der Verwendung zweier trivialliterarischer Produktionen reklamiert er dabei für sich, nämlich das Buch des Abbé Barruel und die jesuitischen Weltverschwörungen des Romanautors Eugène Sue, dessen «Die Geheimnisse des Volkes» wiederum in Jolys Satire parodiert worden sind.

Wichtiger als die tatsächliche oder vermeintliche Entdeckung weiterer Bausteine des Falsifikats ist allerdings Ecos Frage: «Wie begegnen wir solchen Einbrüchen des Romans ins Leben, nachdem wir gesehen haben, welche historische Tragweite das Phänomen haben kann?» Es gibt natürlich keine Antwort darauf, allenfalls die Mahnung zu aufklärerischer Wachsamkeit, wenn bösartige Mythen in den Köpfen von Fanatikern reale Gestalt annehmen, wenn Versatzstücke des Schundromans zu Elementen politischer Indoktrination werden und schließlich zum Bestandteil von Welterklärungsmodellen, die wirksam sind – nicht trotz, sondern wegen ihrer Abstrusität.

Die Dekonstruktion der «Protokolle» erstreben viele mit vielen Methoden. Stefan Heym, damals noch ein unbekannter Journalist und Flüchtling aus Hitler-Deutschland, versuchte, die «Protokolle» mit den Möglichkeiten der Satire zu entzaubern.

Der Text des damals kaum mehr als 20 Jahre zählenden Emigranten, der in der Tschechoslowakei gegen den Nationalsozialismus kämpfte, war in der antifaschistischen Wochenzeitschrift «Der Simpl» zu lesen. Die Zeitschrift erschien ab Januar 1934 (zunächst unter dem Namen «Der Simplicus») in Prag als Gegenblatt zum berühmten Münchner Simplizissimus, der ins Lager der Nationalsozialisten übergelaufen war.

Heym demontiert in seinem «Interview mit den Weisen von Zion» mit grotesken Adaptionen die stumpfsinnigen Konstruktionen des Judenhasses: Sechs der sieben Weisen von Zion sind in ihrem Büro versammelt, den Siebenten erwarten sie, er soll im Sonderflugzeug aus Berlin kommen. Das Büro der sieben Weisen, in dem sie der Berichterstatter besucht, ist ziemlich einfach eingerichtet. Niemand soll auf die Vermutung kommen, hier sei die Machtzentrale Alljudas. Aber gefrühstückt haben die Weisen gut, «Koteletts aus frisch geschächtetem weichem Christenmädchenfleisch». Der Berichterstatter erfährt von einem Weisen, der einen Rabbinerbart trägt, dass er «unter dem Pseudonym Vandevelde» (der echte Autor dieses Namens hatte einen weit verbreiteten Ratgeber zu Sexualfragen publiziert) mit Büchern dafür gesorgt habe, dass die reinen Rassen «gründlich mit Judenblut verpantscht» würden.

Ein anderer Weiser, ein Herr namens Löwenfisch, fällt dem Kollegen mit dem Rabbinerbart ins Wort. Löwenfisch ist zuständig für die Erzeugung ökonomischer und politischer Krisen auf Weltniveau. Der Weise Tartakower, der in Moskau unter Pseudonym hohe Ämter bekleidet, organisiert den Kommunismus weltweit. Der Völkerbunddelegierte Sternschuß, der, weil er aus Mährisch-Ostrau stammt, ein jiddisches Französisch spricht, erklärt, dass es seine Aufgabe sei, internationale Kriege und Verwicklungen anzuzetteln. Sein Kollege im amerikanischen Habitus mit Namen Rechabeach (ausgesprochen «Ritschebietsch») gibt sich trotz großer Leistungen schweigsam – er habe das Ungeheuer von Loch Ness gemacht und das Lindbergh-Baby geraubt, die Parolen «Lebensraum» und «Platz an der Sonne» erfunden. Er bereite derzeit die Gemüter auf einen zweiten Weltkrieg vor, wie Sternschuß dem Interviewer mitteilt. Auf dessen Frage nach dem Stand des Mädchenhandels antwortet «Vandevelde» belustigt, das seien doch Lappalien, die in den Filialbüros der Weisen von Zion, nicht hier in der Zentrale erledigt würden.

Wie sie die Lage in Deutschland einschätzten, fragt der Berichterstatter schließlich, denn – die Satire spielt im Jahre 1934 – dort sei man doch gerade dabei, die Judenherrschaft abzuschütteln. Wie die Judenpolitik des Deutschen Reiches denn also ins Kalkül der Weltverschwörer passe? Die Weisen lächeln mitleidig, der Bolschewist Tartakower sieht auf die Uhr, sagt, der jüdische Deutschlandexperte müsse gleich eintreffen: «Da war er schon. Ein kleiner, hinkender Miesnick. ‹Entschuldigen schon werte Kollegen› sagte er und zog sich ächzend den Stiefel von seinem Klumpfuß, ‹daß ich so spät komme. Aber meine Magda hat mich nicht fortlassen wollen. Habts ihr noch ein bißchen Kotelett?›»

Stefan Heyms hintersinnige Persiflage der «Protokolle» hat allenfalls den Fundus der Witze über Hitlers Propagandaminister Goebbels erweitert, aus dem intellektuelle Flüchtlinge aus NS-Deutschland und Regimekritiker der «Inneren Emigration» Trost schöpften. Die Erkenntnis, dass die Absurdität des antisemitischen Konstrukts auch mit Mitteln der Satire nicht zu entlarven war, ergab sich aus den Entwicklungen der nationalsozialistischen Judenpolitik der folgenden Jahre.

Will Eisner, Altmeister der künstlerischen Ausdrucksform Graphic Novel, versuchte auf der Basis gründlicher Recherche und sorgfältigen Quellenstudiums in einer Comic-Serie die Demontage der «Protokolle». Die Streitschrift in Form einer sequenziellen Erzählung war die letzte Arbeit des 87-jährigen Künstlers, der 1917 als Sohn österreichisch-jüdischer Einwanderer in Brooklyn geboren wurde. 2005, im Jahr seines Todes, erschien die Comic-Serie unter dem Titel «Das Komplott. Die wahre Geschichte der Protokolle der Weisen von Zion» auch in deutscher Sprache.

Eisners Anstrengung ist eine Art Gegenentwurf zu den Kommunikationsformen der gelehrten Welt, geleitet von den gleichen aufklärerischen Absichten. Eisner benutzt aber neben den

Mitteln der Bilderserie auch Formen der wissenschaftlichen Abhandlung. Es sei dahingestellt, ob im Zweifel über die aufklärerischen Möglichkeiten einer Comic-Serie oder im Bemühen um Überzeugungskraft. Die Publikation arbeitet auch mit Anmerkung, einer Bibliographie und Erläuterungen der Absicht in einem Vorwort, einer Einführung (von Umberto Eco) und einem Nachwort (Stephen Eric Bronner). Die von starkem moralischen Impetus getragene Comic-Serie unterliegt freilich den Zwängen des Genres. Eine überschaubare Handlung mit eindeutig gezeichneten Akteuren muss auf naive Weise nachvollzogen werden können. Die Charaktere müssen daher auf dramatisch handelnde Personen reduziert werden, die mit eindeutigen Gesten erkennbar Böses tun oder aber der Wahrheit und dem Guten zum Durchbruch verhelfen. Im Falle der «Protokolle» bedeutet das, dass Motive und Zusammenhänge nur wenig differenziert dargestellt werden können, dass die Geschichte auf die bösen Taten einiger Unholde reduziert werden muss, dass die Wirkungsmechanik des Konstrukts (also das eigentlich Interessierende an den «Protokollen») hinter moralischem Appell und strengem Urteil über die absurde Inszenierung des Judenhasses unerklärt bleibt.

Will Eisner hat auch weniger zur Erklärung als zur Bekämpfung des antisemitischen Komplotts beitragen wollen. Im Vorwort nennt er die Intentionen, denen er folgt: «Im Laufe der Zeit haben dutzende Bücher und fundierte wissenschaftliche Artikel aufgedeckt, welches schändliche Gedankengut tatsächlich hinter den ‹Protokollen› steckt. Diese Untersuchungen stammen allerdings überwiegend von Wissenschaftlern und sprechen meist Fachleute an oder solche, die ohnehin schon davon überzeugt sind, dass die ‹Protokolle› eine Fälschung sind. Ich habe in meiner gesamten Arbeit die sequentielle Kunst als eine Form des Erzählens verwendet. Dass graphisches Erzählen immer mehr als populäre Literatur akzeptiert wird, gibt uns nun die Gelegenheit, dieser Propaganda auf leicht zugängliche Art und Weise offensiv zu begegnen. Ich hoffe, dass mein Werk vielleicht einen weiteren Nagel in den Sarg dieses schrecklichen, vampirähnlichen Betrugs schlagen kann.»

Der ebenso sympathische wie unbeholfene Versuch des Zeichners Eisner, mit einer Comic-Serie einen Beitrag zur Aufklärung zu leisten, bleibt unbefriedigend, weil er letztlich über die Illustration eines Faszinosums nicht hinauskommt und – den Gesetzen seines Mediums folgend – neuer Stereotypenbildung Vorschub leistet sowie Irrtümern und Fehlinformationen Raum gibt. Stereotypen werden im Comic nicht aufgelöst, sondern gefestigt. Der Autor beschreibt seine Methode der Wahrheitsfindung folgendermaßen: Wenn er bei Recherchen auf Widersprüche gestoßen sei, habe er sich für die Verwendung der Fakten entschieden, die häufiger genannt wurden. Der naive Umgang mit Informationen, die in Sprechblasen und Erklärungen (die immer apodiktischen Charakter haben) zum Ausdruck kommt, führt gelegentlich in die Irre. So ist die Streitschrift Eisners vielleicht weniger ein Beitrag zur Aufklärung als ein Forum, auf dem in edler Absicht Klischees eingeübt und gefestigt werden.

Zur Geschichte (und zur Überwindung) der Wirkung des Konstrukts trägt die Darbietung seiner Fabel als Comic jedenfalls nichts bei. Eine Erkenntnis, formuliert von Georges Brunschvig und Emil Raas in ihrer Betrachtung des Berner Prozesses, ist fundamental, wenngleich wenig tröstlich: «Die ‹Protokolle der Weisen von Zion› sind eine Spekulation auf die menschliche Trägheit. Man rechnet damit, dass der Mitmensch nicht nachprüfen werde. Man behauptet frisch-fröhlich, nie vorgefallene Ereignisse seien wirklich geschehen, nicht existierende Beweismittel lägen irgendwo verborgen vor und zaubert, wenn man sie braucht, beliebige ‹Beweise› aus dem Nichts herbei.»

Diesem Muster folgen Rechtsextremisten, Auschwitzleugner, Propagandisten von Verschwörungsphantasien bis zum heutigen Tag. Der Gerichtspräsident Meyer, der im Berner Urteilsspruch 1935 die «Protokolle» als Plagiat, als Fälschung und Erzeugnis der Schundliteratur bewertet hatte, wandelte mit seiner Hoffnung auf den Sieg der Vernunft, wie viele nach ihm, in den Gefilden der Illusion: «Ich hoffe, es werde eine Zeit kommen, in der kein Mensch mehr begreifen wird, wieso sich im Jahre 1935 beinahe ein Dutzend sonst ganz gescheiter und vernünftiger

Leute 14 Tage lang vor einem Bernischen Gericht über die Echtheit oder Unechtheit dieser sogenannten Protokolle die Köpfe zerbrechen konnten, die bei allem Schaden, den sie bereits gestiftet haben und noch stiften mögen, doch nichts anderes sind als ein lächerlicher Unsinn».

## 7. Mediale Präsenz – die «Protokolle» und ihr Publikum

Dass nationalsozialistische Ideologen wie Alfred Rosenberg, Heinrich Himmler, Julius Streicher oder Adolf Hitler die «Protokolle der Weisen von Zion» als politisches Argument benutzten, hätte das Traktat mit dem Zusammenbruch der NS-Herrschaft eigentlich endgültig erledigen müssen. Die Wiederbelebung der antisemitischen Verschwörungsliturgie nach dem Holocaust führt das universale Bedürfnis nach schlichter Welterklärung jenseits des Rationalen vor Augen. Wie anders wäre der Erfolg der japanischen Übersetzung erklärlich, wo doch in Japan keine Juden leben, die Angriffspunkte bieten könnten. Als antikapitalistischer und antiglobalistischer Text – in dem z. B. die USA Stellvertreterfunktionen für Israel und «die Juden» einnehmen – sind die «Protokolle» aber auch in Japan brauchbar.

1924 erschienen die «Protokolle» zum ersten Mal in vollständiger japanischer Übersetzung. Zu dieser Zeit wurde die Ideologie des Antisemitismus auch in Japan propagiert. Dies war ein Reflex auf nationale Identitätsprobleme gegenüber dem Westen. Die «Protokolle» waren aber auch bei der Ausbildung antikommunistischer Einstellungen nach europäischen und nordamerikanischen Mustern willkommen, in denen die angebliche Rolle der Juden in der Russischen Revolution instrumentalisiert war. Ein Interesse an überstaatlichem Okkultismus in Japan wurde von den «Protokollen» ebenso bedient wie am Ende des 20. Jahrhunderts das Bedürfnis, globale ökonomische Zusammenhänge und daraus resultierende gesellschaftliche Schwierigkeiten zu «verstehen». Die «Protokolle» trafen mit ihrem leicht nachvollziehbaren Feindbild eine Erklärungslücke, die auch viele Japaner empfinden. Deshalb hatten die «Protokolle» in den 90er Jahren wieder Konjunktur.

Auf der Suche nach den «Protokollen» im World Wide Web finden sich 2016 mit Hilfe von Google um die 65 000 Erwähnungen. (Gibt man «Protocols of the Elders of Zion» ein, erzielt man 332 000 Treffer, bei erweiterter Suche sind es 662 000.) Die «Protokolle» erscheinen in unterschiedlichen Versionen und werden auf manchen Homepages zum Herunterladen angeboten, andere zitieren den vollen Wortlaut oder ausführliche Passagen. Die Internet-Anbieter haben unterschiedliche ideologische Positionen, die vom amerikanischen Neonazi Gary Rex Lauck (NSDAP/AO) über das rechtsextreme «Thulenet» zum revisionistischen Spektrum, vertreten durch «Vrij Historisch Onderzoek», reichen und den katholischen Fundamentalismus (holywar.org) ebenso wie islamistische Propaganda (Radio Islam) sowie esoterische und verschwörungstheoretisch interessierte Zirkel («allMystery», «The Plexus Network» u. a.) einschließen.

Dass die «Protokolle» ein Phantasieprodukt sind, beeindruckt die aus Belgien operierende Organisation «Vrij Historisch Onderzoek», die hauptsächlich Holocaustleugner mit Material und Argumenten versorgt, keineswegs. Im Internet verteidigt ein Ernst Manon im Beitrag «Ein Volk gibt es unter uns» die Bedeutung der «Protokolle» als Geschichtsquelle: «Autoren, die die ‹Protokolle› als Fälschung zu entlarven suchen, weisen gerne darauf hin, dass wesentliche Passagen aus einer 1865 erschienenen Streitschrift gegen Napoleon III von Maurice Joly, einem angeblichen Antisemiten, abgeschrieben seien. Ein Streit in der Hölle – Gespräche zwischen Machiavelli und Montesquieu über Macht und Recht wurde 1990 von Hans Magnus Enzensberger im Eichborn Verlag neu herausgegeben. Der Originaltitel lautet Dialogue aux enfers. Aus einem Leserbrief eines gewissen Andrew de Ternant an den Spectator unter dem 10. September 1921 geht hervor, dass sein Vater eng mit Joly befreundet war und dass das Buch im Auftrag eines in der Schweiz lebenden deutsch-jüdischen Bankiers veröffentlicht wurde. Derartige Enthüllungen haben aber gewöhnlich wenig Wirkung, denn wer ihnen auch nur den geringsten Erkenntniswert beimisst, sieht sich schon als Antisemit, auf jeden Fall als

Paranoiker oder gar als Befürworter von Pogromen abgestempelt.»

Nach dieser Methode – der Kompilation von Phantasieprodukten – verläuft die weitere Argumentation, die in einem angeblichen Redeverbot für Personen gipfelt, die «die Wahrheit» über die «Protokolle» herausgefunden haben wollen. Das soll gleichzeitig die Macht der Juden – Inhaber wahrer Erkenntnis mundtot machen zu können – demonstrieren wie beweisen, dass es gefährlich sei, unangenehme Wahrheiten zu künden, weil angeblich keine Meinungsfreiheit herrsche.

Im rechtsextremen «Thulenet» werden die «Protokolle» angeboten, weil der Verkauf als Buch und der Besitz in digitaler Form in der Bundesrepublik verboten seien: «Die Authentizität dieser Schrift ist nach wie vor umstritten. Dennoch ist die Übereinstimmung mit den herrschenden Zuständen nicht zu übersehen. Der Inhalt beschreibt das Konzept einer zionistischen Weltverschwörung.»

Zwei weitere Beispiele für die Präsentation der «Protokolle» im Internet sollen die verschwörungstheoretischen Argumentationslinien verdeutlichen. Im Diskussionsforum «allMystery» diskutieren Teilnehmer geheimnisvolle Phänomene der Welt, die sich wissenschaftlicher Erklärung entziehen. Neben anderen Themen wie dem 11. September, der Mondlandung, den Illuminaten sind die «Protokolle der Weisen von Zion» von Interesse. Ein Teilnehmer entwickelt ein Weltbild, in dem antiisraelische, antisemitische und antikapitalistische Stereotypen als Bestätigung der «Protokolle» benutzt werden: «Es ist meiner Meinung einfach Fakt das eine weltweit vernetzte Gesellschaft mit ausgedehntem versteckten Reichtum immer wieder an wichtigen Positionen empfindliche Momente so ausnutzen kann das die Macht im Hintergrund übernommen werden kann. Das Ganze wird dann vertraglich in Momenten in denen der Unterzeichner vor Problemen unzurechnungsfähig ist festgehalten. Siehe Landerschließung Israel, siehe Wiedergutmachungen Deutschland, siehe das komplette finanzielle System der westlichen Welt … Und deshalb können diese ‹Protokolle› als Fälschung, Witzseite oder sonst was hingestellt werden, wahr ist der Inhalt allemal.»

Im «Bund für echte Demokratie», der ebenfalls verschwörungstheoretisch engagierten Gruppe um den Wortführer Norbert Steinbach, der an die jüdische Weltverschwörung glaubt und Auschwitzleugnern wie Erich Glagau eine Plattform bietet, spielen die «Protokolle» eine wichtige Rolle. Die Grenzen zum kollektiven Wahn sind deutlich überschritten: «Es sind die Davids, die Bens, die Esters, die Manns, das Netzwerk der Zionisten, die der gesamten westlichen Welt die Kehle zuquetschen. Diese Zionisten ... handeln nach den alten, angeblich gefälschten ‹Protokollen der Weisen von Zion›. Ihre menschenverachtenden Handlungsweisen verstecken die hinter dem Schutzschild des Antisemitismus, der über die von ihnen selbst beherrschten Mainstream-Medien gepflegt wird ... Die jüdische Religion dient diesem System des Zionismus ebenso wie der oben erwähnte Antisemitismus lediglich als Keule, um jegliche Diskussion und Kritik zu erschlagen».

Eine «Adam Weishaupt Foundation» hat die «Protokolle» ins Netz gestellt, wobei sie sich in der Vorrede (im üblichen fehlerhaften Deutsch des World Wide Web) vom Antisemitismus distanziert, deshalb dezidiert nur von den «Protokollen der Weisen» spricht («Da wir nicht von einer weltweiten Verschwörung des jüdischen Volkes gegen alle anderen Nationen überzeugt sind»), aber den Text selbst als apokalyptische Wahrheit nimmt. Man verlasse mit der Lektüre der «Protokolle» das «Paradies der Unwissenheit»: «Lassen sie uns nun zusammen eintauchen in den Wortlaut und bereiten sie sich vor auf eine einmalige Geschichtsstunde, an deren Ende sie die Welt, in der sie leben, mit völlig anderen Augen sehen werden. ... Es werden ‹plötzlich› Zusammenhänge sichtbar, die fast alle Fragen, die sie haben, beantworten werden.» Es folgen Textpassagen aus den «Protokollen», mit Kommentaren, die ein sowohl antidemokratisches und antikommunistisches wie antikapitalistisches Weltbild offenbaren. Mit Begriffen wie «Schulden- und Zinssklaverei» oder «unsichtbare Weltregierung» werden Verschwörungsphantasien ausgelebt, wird christlicher Fundamentalismus als Anklage formuliert («In der Bundesrepublik Deutschland wird das weltanschauliche und politische Analphabetentum insbesondere durch die Kultusminister der Länder in die Erziehung hereingebracht»). Der Internetauftritt der Adam Weishaupt Foundation (die als Sitz einen Ort im US-Bundesstaat Delaware angibt) beginnt mit rhetorischen Fragen und apodiktischen Feststellungen, die die «Protokolle» als Beweisdokument etablieren, sie vom Antisemitismusvorwurf befreien und unabhängig von ihrer dubiosen Entstehungsgeschichte machen sollen.

Ob es sich noch um antisemitische Propaganda handele, wenn man das Wort Zion aus dem Titel und jeden wörtlichen Bezug auf das jüdische Volk entferne, lautet die Eingangsfrage der Adam Weishaupt Foundation, der die Behauptung folgt, jede Fälschung setze ein Original voraus, so wolle man die «Protokolle» verstanden wissen und deshalb interessiere man sich nicht im Mindesten für die Frage, ob sie echt oder falsch seien. Mit dem Verweis, dass ausschließlich der Inhalt eine Rolle spiele, nicht aber wann und zu welchem Zweck wer auch immer den Text verfasst habe, reiht sich die Propaganda in den Chor derer ein, die auf der «höheren Wahrheit» des Welterklärungsangebots beharren und in bestimmter Absicht jenseits der Rationalität argumentieren.

Scheinbare Distanzierung vom antisemitischen Charakter der «Protokolle» ist auch das Prinzip des Autors Jan van Helsing, der die «Protokolle» in seinem Buch «Geheimgesellschaften» als Beweis für die Realität von weltverschwörerischen Aktivitäten heranzieht: «Als Autor dieses Buches geht es mir weniger darum, ob es Rothschild und die Zionisten sind, die die Protokolle gegenwärtig anwenden, sondern hier geht es um das Anwendungsprinzip ... Egal wer dahinter stehen mag, der Plan wird im Augenblick angewendet. Wie ich auch am Ende des Buches noch sehr intensiv darlegen werde, ist es nicht von Bedeutung, wer die Protokolle anwendet, sondern welches Prinzip dahinter steht und dass die Benutzten es mit sich geschehen lassen!»

Jan van Helsing, mit bürgerlichem Namen Jan Udo Holey, Erfolgsautor im Genre Konspirationsphantasie, vom Verfassungsschutz als rechtsextremistischer Esoteriker eingestuft, kompiliert und plagiiert seine Bücher ohne besonderen literarischen

Anspruch aus gängigen Texten über Verschwörungsmythen von Nostradamus bis zum Kennedy-Mord. Der Sohn einer Seherin und eines Esoterikers kam wegen seiner Bücher über «Geheimgesellschaften» mit der Justiz in Konflikt; das Amtsgericht Mannheim verfügte die Beschlagnahme wegen antisemitischer Volksverhetzung. Holey alias van Helsing stilisierte sich daraufhin selbst als Verschwörungsopfer und vermarktet sein Märtyrertum entsprechend. Im Werbetext für sein Werk «Hände weg von diesem Buch» appelliert er an seine Leser: «Sollten sie jedoch immer schon gefühlt haben, dass mit dieser Welt etwas nicht stimmt, sollten sie die letzten Geheimnisse unserer ‹aufgeklärten› Welt interessieren und sollten sie jemand sein, der es vom Leben noch einmal wissen will, dann ist das ihr Buch».

Mit Formeln wie «Funken der Erleuchtung» oder «Sanfte Wege zur Lichtnahrung» wird ein für Esoterik empfängliches Publikum auf Wege geführt, die den tiefen Blick in die eigentlichen Geheimnisse der Welt ermöglichen sollen, in das Treiben der wirklich «Mächtigen», die hinter den Fassaden der sichtbaren Politik und Kultur, der Wirtschaft und Finanzwelt vermeintlich die Geschicke der Völker und Nationen lenken. Nur das Walten böser Mächte ist für Absender wie Empfänger der esoterischen Weltsicht interessant, ebenso das geheimnisvolle Dunkel, in dem ihre Helden agieren.

«Der satanische Plan dunkler Macht» ist auf dem «heptagonforum» der Schlüssel zum Verständnis der Welt. Ein «deutscher Lichtarbeiter» hat die «Protokolle» ins Netz gestellt, nicht ohne fürsorgliche Warnung an «sensible oder seelisch labile» Menschen: «Das Lesen dieser Schrift hat bereits des öfteren psychische Krisen ausgelöst und schon so manchen in den Suizid getrieben!» Tröstlich ist auch die Verheißung des Lichtarbeiters, dass sich «die (Un-)Menschen und Energien der dunkeln Seite» in einer Sackgasse befänden: «Auch wenn sie schon sehr nahe an der totalen Weltherrschaft sind – wir auf der Seite des Lichtes haben alle guten Geistwesen auf unserer Seite, die ‹Letzten Kabalen› aber nicht. Ihre Zeit wird demnächst abgelaufen sein und die Menschheit wird von allem (organisierten) Bösen erlöst werden».

Der katholische Fundamentalist Johannes Rothkranz hat sich mit einer voluminösen schriftstellerischen Anstrengung (der erste Band hat in zwei Teilen 956 Seiten Umfang, weitere Bände sind angekündigt) das Ziel gesetzt, die Ankündigungen der «Protokolle» als realiter erfüllt nachzuweisen. Damit steht der Magister der Theologie, der als rastloser Vielschreiber vor allem Kritik am amtskirchlichen Katholizismus übt, in der Tradition des rechtsextremen Antisemitismus, den Gottfried zur Beek alias Müller, Theodor Fritsch, Alfred Rosenberg und Adolf Hitler vertraten. Zur Argumentation gehört die Negierung und Banalisierung des Problems der Urheberschaft der «Protokolle», an dessen Stelle die auftrumpfende Behauptung tritt, dass doch alle Absichtserklärungen, die den Gegenstand der «Protokolle» bilden, eingetreten seien. Die Suggestivkraft des Axioms – die Welt sei doch so, wie in den «Protokollen» beschrieben – ersetzt jede Art von Beweis und vermeidet damit jeden argumentierenden Diskurs. An dessen Stelle liefert Rothkranz in paranoider Stupidität eine Addition von kruden Invektiven und Zwangsvorstellungen, die kapitelweise unter Rubriken wie «Auserwähltheit als Religionsersatz», «Kryptojudentum», «die Synagoge des Satans» und «Antisemitismus ein Phantom?» abgehandelt werden.

Die Rabulistik des Fundamentalisten, dem «konzilskatholisch» ein synonymes Schimpfwort zu «volljudaisiert» ist, entspringt purem Judenhass und bildet in ihrer Geschwätzigkeit und ihrem Belehrungsdrang den Idealtyp des obskuren Weltverschwörungsfanatikers. Die Bücher des von endzeitlichem Eifer Beseelten erscheinen im Verlag Pro Fide Catholica zwar ferne der katholischen Amtskirche, sie haben aber zweifellos Einfluss auf manche Fromme und tradieren christlichen Antijudaismus, amalgamiert mit rassistischem Antisemitismus. In allen diesen esoterischen, fundamentalistischen, rechtsextremen, antisemitischen Zusammenhängen spielen die «Protokolle» als chimärischer Referenztext eine zentrale Rolle. Die Möglichkeiten der modernen Kommunikationstechnik erlauben die Ausbreitung des konspirationstheoretischen Sinnstiftungs- und Welterklärungsversuchs mit geradezu exponentieller Geschwindigkeit. Aufklärerische Hoffnungen stoßen daher bald an Grenzen.

## 8. Neues Klientel für das alte Konstrukt: Die «Protokolle» in der islamistischen Propaganda

Größte Wirkung haben die «Protokolle» in den islamistischen Strategien gegen Israel. Mit zunehmender Intensität werden sie als «Beweis» für eine zionistische Weltverschwörung in den Medien der arabischen und weiteren islamischen Welt zitiert, abgedruckt, interpretiert. Verschwörungstheorien finden in muslimischer Umgebung günstige Wachstumsbedingungen, seit sich die Gesellschaften des Orients als vom Westen diskriminiert, unterdrückt und gedemütigt verstehen. In der Tradition bis auf die Kreuzzüge zurückgehend, den Kolonialismus und Imperialismus der Europäer im Blick, das Sendungsbewusstsein der USA mit Argwohn als Aggression rezipierend, kristallisieren sich die Gefühle der Ohnmacht und Wut an der Existenz des Staates Israel. Judenfeindschaft als politische Manifestation erfährt in den Verschwörungsphantasien der «Protokolle» eine geradezu idealtypische Ausprägung.

In allen Medien sind die «Protokolle» im islamistischen Kontext zu finden. Besonders aggressiv werden die «Protokolle» von «Radio Islam» propagandistisch eingesetzt. Der Sender im Raum Stockholm arbeitet wenig professionell, er wird von dem gebürtigen Marokkaner Ahmed Rami betrieben, der seit 1973 in Schweden lebt, wo er politisches Asyl genießt, weil er eigenen Angaben zufolge 1972 als Leutnant an einem Putsch gegen König Hassan II. beteiligt und von einem marokkanischen Gericht deswegen zum Tode verurteilt worden war. Als Rundfunkstation hat Radio Islam allenfalls lokale Bedeutung, als Institution rechtsextremer und israelfeindlicher Propaganda mit den Schwerpunkten auf Holocaustleugnung und Antizionismus ist Radio Islam ein weltweit operierendes Markenzeichen, das vor allem seit 1996 durch Internet-Auftritte in vielen Sprachen operiert. Ahmed Rami hat enge Kontakte zur internationalen Neonazi-Szene und propagiert Holocaustleugnung in Verbindung mit Weltverschwörungsphantasien, nach denen Israel und die Juden mithilfe von «Holocaust-Geschichten» die Welt kontrollieren.

Die «Protokolle» nehmen in den Auftritten von Radio Islam eine wichtige Position ein. So behauptet Ahmed Rami in einem Artikel «Israels Politik bestätigt die Echtheit der ‹Protokolle der Weisen von Zion›» unter Verwendung der traditionell-stereotypen Anschuldigung, die jüdische Religion gebiete die Untergrabung der Moral nichtjüdischer Gesellschaften: «Immer wieder im Verlauf der Geschichte haben die großen geistigen Führer der Menschheit sich Gedanken über das Wesen des Bösen gemacht. Sie kamen zur Folgerung, dass, wenn der Teufel existiert, er so auftritt wie oben geschildert. Viele bedeutende Denker gelangten auch zum Ergebnis, die jüdische Torah sowie der Talmud seien Satans Testament. Die ‹Protokolle der Weisen von Zion› verkörpern eine Konkretisierung dieser satanischen Schriften. Sie zeugen von einem genau gesteuerten Plan für unsere Zeit.»

Die «Protokolle», deren Text und Rezeptionsgeschichte Ahmed Rami genau kennt, aber in seinem Sinne interpretiert und durch Falschinformationen für seine Argumentation manipuliert, werden als sich selbst bestätigender Beweis zitiert und als Erklärung für den Nahost-Konflikt herangezogen: «Wer diesen Text liest, wird namenloses Erstaunen darüber empfinden, wie alles Gesagte in großen Zügen eingetroffen ist. Oder stimmt es etwa nicht, dass sich die Zionisten Palästina unter den Nagel gerissen und dort einen jüdischen Staat Israel gegründet haben, der unter dem Deckmäntelchen der Demokratie eine äußerst kriegerische und tyrannische Politik betreibt? Trifft es ferner nicht zu, dass das zionistische Israel die Supermacht USA fest im Griff hat, egal ob im Weißen Haus gerade ein Demokrat oder ein Republikaner sitzt? Ist der Einfluss der zionistischen fünften Kolonnen in Europa, auch in Schweden, nicht unerhört stark? Und trifft es schließlich nicht zu, dass Israel Zwist und Feindschaft zwischen verschiedenen nichtjüdischen Staaten nach Kräften schürt, dass es beim Konflikt zwischen dem Irak und dem Iran fleißig Öl ins Feuer goss, dass es den kalten Krieg zwischen den Supermächten ausnutzte, um sich als westlicher Vorposten gegen die angebliche sowjetische Gefahr im Nahen Osten zu profilieren und sich so die bedingungslose Unterstützung der USA zu sichern?» Die Schlussfolgerung Ramis lautet, dass seit Langem Vieles darauf hindeute, «dass der Zionismus auf eine totalitäre Weltdiktatur hinarbeitet. Allzu stark und einflussreich ist die Zionistenlobby in den USA und in vielen Ländern der Welt schon geworden!».

Die «Islamische Widerstandsbewegung Hamas», ursprünglich ein soziales Hilfswerk für palästinensische Flüchtlinge im Gaza-Streifen, Ende der 80er Jahre auch als terroristische Untergrundorganisation aktiv, dann führende politische Kraft im palästinensischen Autonomiegebiet, hat das Ziel der Befreiung Palästinas durch Zerstörung Israels. Im August 1988 gab Hamas sich ein Programm. Die «Charta der Islamischen Widerstandsbewegung» bekräftigt an vielen Stellen verschwörungsmythische Vorstellungen, die als jüdisches Weltherrschaftsstreben dargestellt sind. «Juden waren die Hintermänner der Französischen und der Kommunistischen Revolution und sie standen hinter den meisten Revolutionen. ... Sie nutzten das Geld, um geheime Organisationen rund um die Welt zu gründen, um Gesellschaften zu zerstören und zionistische Absichten durchzusetzen. ... Niemand hat widersprochen, daß die Juden den Ersten Weltkrieg ausgelöst haben, um das Islamische Kalifat auszulöschen. Sie verursachten auch den Zweiten Weltkrieg, an dem sie durch Handel mit Kriegsmaterial ungeheuer verdient und die Gründung ihres Staates vorbereitet haben. Sie haben die Gründung der Vereinten Nationen und des Sicherheitsrats angeregt, um den Völkerbund zu ersetzen, damit sie die Welt unmittelbar regieren können».

Im Artikel 32 der Hamas-Charta heißt es, der Welt-Zionismus versuche im Verein mit imperialistischen Mächten durch einen ausgeklügelten Plan und eine intelligente Strategie einen arabischen Staat nach dem anderen aus dem Kreis der Kämpfer gegen den Zionismus auszuschließen, um schließlich nur noch dem palästinensischen Volk gegenüberzustehen. Ägypten sei durch das heimtückische Camp-David-Abkommen aus der antiisraelischen Front herausgebrochen worden und mit anderen arabischen Staaten werde das Gleiche versucht. «Der zionistische Plan ist grenzenlos. Nach Palästina streben die Zionisten nach weiteren Eroberungen vom Nil zum Euphrat, wenn sie die übernommene Region verdaut haben, betreiben sie weitere Expansion und so fort. Ihr Plan ist konkretisiert in den ‹Protokollen der Weisen von Zion› und ihr gegenwärtiges Verhalten ist der beste Beweis für das, was wir sagen».

Die Rede des scheidenden Premierministers von Malaysia, Mahatir Mohamad, gehalten unter großem Beifall auf der 10. Gipfelkonferenz islamischer Staaten in Putrajaya (Malaysia) am 16. Oktober 2003, gibt einen Eindruck von der Brisanz stereotyper Imagination, die als dogmatische Überzeugung, zugleich aber auch als identitätsstiftende Handlungsanweisung dient. Die Rede entwift ein geschickt aufgebautes Szenario, in dem Beschwörung, Klage, Beschuldigung und Aufruf sich abwechseln. Die Grundtendenz der oratorischen Leistung – stehende Ovationen lohnten dem Redner die Mühe – bilden Selbstmitleid und Fanal zum Heiligen Krieg. Der beschwörende Auftakt stimmte das Publikum auf Sendungsbewußtsein ein: Die Welt blicke auf die politischen Führer des Islam, «1,3 Milliarden Muslime, ein Sechstel der Weltbevölkerung, setzen ihre Hoffnung auf uns». Dem folgten Klage und Beschuldigung: «Wir alle sind Muslime. Wir sind unterdrückt. Wir werden gedemütigt. Die Europäer konnten mit den Ländern der Muslime machen, was sie wollten. Es überraschte nicht, daß sie muslimisches Land zur Gründung des Staates Israel nahmen, um ihre Judenfrage zu lösen».

Mahatir schilderte die Situation der islamischen Welt als düsteres Gemälde, ausschließlich von Opfern bevölkert, die trotz ihrer zahlenmäßigen Stärke und ihrer Ressourcen zur Ohnmacht verurteilt seien: «Heute werden wir, die ganze muslimische Gemeinschaft, mit Verachtung behandelt und entehrt. Unsere Religion wird verunglimpft. Unsere Heiligen Stätten sind entweiht. Unsere Länder sind besetzt. Unsere Völker leiden Hunger und werden getötet.» Die daran Schuldigen sind ausgemacht: «Die Muslime werden für alle Zeit unterdrückt und beherrscht von den Europäern und den Juden».

Der Schuldvorwurf wird dann auf «die Juden» zugespitzt, denen als Drahtzieher in verschwörungstheoretischer Argumentation die entscheidende Rolle zugewiesen ist: «Die Europäer haben sechs von zwölf Millionen Juden ermordet. Dennoch regieren die Juden heute die Welt durch Strohmänner. Sie bringen andere dazu, für sie zu kämpfen und zu sterben». Die Schuldzuweisung bedient sich traditioneller Stereotypen und Verschwörungsphantasien. «Juden haben den Sozialismus, den Kommunismus, die Menschenrechte und die Demokratie erfunden und zu Erfolgen gemacht. Deshalb werden sie nicht verfolgt, deshalb genießen sie die selben Rechte wie andere. Dadurch haben sie die Kontrolle über die mächtigsten Staaten erlangt, und dadurch ist diese winzige Gemeinschaft eine Weltmacht geworden.»

Die Rede gipfelt im Appell an die Wehrhaftigkeit des Islam, der zum Angriff auf die Unterdrücker übergehen, sich dazu aber auch selbst kulturell, wissenschaftlich, politisch regenerieren und modernisieren müsse. «Wir brauchen Gewehre und Raketen, Bomben und Kriegsflugzeuge, Panzer und Kriegsschiffe für unsere Verteidigung». Das ist Aufruf zum Krieg, proklamiert als Verteidigung religiöser und kultureller Werte, zur Überwindung obsessiver Minderwertigkeitsgefühle, gerichtet auf das Ziel, die Juden und den Staat Israel zu vernichten.

Verschwörungsphantasien sind in der Rede des malaysischen Premiers für den «Heiligen Krieg instrumentalisiert», den Djihad. Aus irrationalen Welterklärungsmustern speist sich der Djihadismus, der von Fanatikern als Guerillakrieg gegen die westliche Zivilisation umgesetzt und durch Terror und Attentat agiert wird. Der malaysische Geschäftsträger in Berlin wurde nach der Mahatir-Rede ins Auswärtige Amt einbestellt, um einen scharfen Protest gegen die verbalen judenfeindlichen Exzesse des scheidenden Premierministers entgegenzunehmen. Die Regierungschefs der Europäischen Union verurteilten am folgenden Tag die Tiraden Mahatirs, das Medieninteresse blieb begrenzt.

Die Rede Mahatirs macht, wie viele Äußerungen im islamischen Raum, sichtbar, wie sich muslimische Judenfeindschaft, die durch das Palästinaproblem politisch generiert ist, traditioneller Stereotypen bedient und wie der ursprünglich im Nahen Osten unbekannte Rassenantisemitismus mit seinen abstrusen Unterstellungen, Schuldzuweisungen und Schlussfolgerungen adaptiert und ins islamische Weltbild integriert wurde. Die «Protokolle der Weisen von Zion» gehören auch hier zu den Schlüsseltexten, sie haben eine Aktualität wie nirgendwo sonst. Der malaysische Premier ließ auf dem Kongress seiner UMNO-Partei im Juni 2003 die «Protokolle» verteilen, ebenso Henry Fords Pamphlet «Der internationale Jude», das in den 20er Jahren von den USA aus die Weltverschwörungsidee der «Protokolle» propagierte. Der internationalen Kritik hielt Mahatir nach seiner Rede das antisemitische Standardargument entgegen, die Reaktion der Welt beweise doch eben, dass sie von Juden kontrolliert sei.

Aus der islamischen Welt kam Zustimmung. Der iranische Präsident nannte die Rede Mahatirs brillant und sehr logisch; er fügte hinzu, Muslime seien keine Antisemiten. Sein pakistanischer Kollege zeigte sich sicher, dass Mahatir nicht zum Krieg gegen die Juden aufgefordert habe, und der ägyptische Außenminister wusste, dass Kritik an Israel eben rasch verdammt werde, ohne Prüfung der Tatsachen. Zustimmung kam auch vom russischen Rechtsextremisten Wladimir Schirinowsky («Die Juden haben die Weltherrschaft erobert: alle Banken, Konzerne ... alles ist von den Juden beherrscht, auch in unserem Land»).

Der Jubel in der islamischen Welt war keine spontane Wallung. Die Adaption des europäischen Antisemitismus trägt seit Langem Früchte. Mahatir hatte 1984 den New Yorker Philharmonikern die Einreise nach Malaysia verboten, weil sie ein Werk des jüdischen Komponisten Ernst Bloch aufführen wollten; Jahre später verbot er den Film «Schindlers Liste», weil er Propaganda zugunsten einer Rasse betreibe; 1997 machte er «die Juden» für die Finanzkrise in Asien verantwortlich, agitierte auch mit Parolen, die dem Arsenal des Rassenantisemitismus aus dem 19. Jahrhundert entstammen: Juden seien nicht nur durch ihre Hakennase auffällig, sondern auch durch ihren ausgeprägten Instinkt für Geld.

Islamistischer Antisemitismus äußert sich nicht nur in Feindschaft gegenüber Israel. Der prominente geistliche Würdenträger Mohamed Sayyid Tantawi, Großscheich der Al-Azhar-Universität Kairo, ist als Autorität des sunnitischen Islam weit über Ägypten hinaus einflussreich. Sein Buch «Das Volk Israels im Koran und in der Sunna» ist weit verbreitet. Es geht auf seine Dissertation im Jahr 1966 zurück und beschäftigt sich mit dem Palästina-Konflikt aus religiöser Perspektive. Die Argumentation ist aber weithin rassistisch, wenn Tantawi von den unveränderbaren Eigenschaften der Juden, z. B. ihrer «Gier nach Leben und dem Diesseits» und ihrem «übermäßigen Egoismus» spricht, sich auf Hitlers «Mein Kampf» beruft und die Juden als Ursache der Zerstörung von Moral, Religion und geistigen Werten charakterisiert. Tantawis Behauptung, für die er als Quelle die «Protokolle der Weisen von Zion» bemüht, die Juden seien u. a. für die Französische und die Russische Revolution verantwortlich, findet sich auch in der Hamas-Charta: Der Geistliche Tantawi ist mit seinem Bestseller einer der Vordenker des islamistischen Terrorismus, dem es längst nicht nur um Palästina geht, der vielmehr traditionellen Antisemitismus europäischer Provenienz in den Dienst eines fundamentalistischen Hasses gegen die Juden stellt.

Im Fernsehen einiger arabischer Länder (Syrien, Libanon, Ägypten) und des Iran wird Judenfeindschaft, religiös untermauert und über stereotype Einstellungen transportiert, im Kampf gegen die Existenz des Staates Israel eingesetzt. Die Strategie beruht auf zwei Angriffslinien, der Leugnung des Holocaust und der Wiederholung von Verschwörungstheorien. Die Grenzen zwischen Antisemitismus und Israelfeindschaft, Anti-Amerikanismus und einer allgemein gegen den Westen gerichteten Aversion sind fließend. Interviews mit Gelehrten, Hasspredigten geistlicher Führer, tendenziöse Kompilationsfilme mit dem Anspruch dokumentarischer Authentizität und fiktionale Unterhaltung dienen der Einübung und Festigung der Abneigung gegen «die Juden». Junge Männer auf der Straße erläutern dem Kamerateam, dass sie «aus religiösen Gründen» niemals einem Juden die Hand geben könnten, das dreijährige Mädchen

Basmallah wird in einer Sendung des iranischen Frauenfernsehens mit dem Geplapper vorgeführt, für sie als Muslimin seien Juden «Affen und Schweine» (dieses verbreitete Bild kommt auch in Freitagspredigten frommer Imame vor).

Der schiitische libanesische Geistliche Abd Al-Karim Fadhlallha erläutert, dass das materielle Denken in Israel und den USA identisch sei, in beiden Nationen habe man Gott durch Geld ersetzt. Im iranischen Fernsehen erklärt im August 2004 der Professor Shahryar Zarsenas die Technik jüdischer Weltverschwörung, bei der zunächst sowohl die Sowjetunion als auch die USA von den Juden als Instrumente verwendet worden seien; die neue Ordnung der Welt nach dem Zusammenbruch der kommunistischen Herrschaft sei nun die Verwirklichung der jüdischen Weltherrschaft. Der Professor nennt sie den «Neuen Faschismus». Alle pornographischen Filme der Welt seien von Juden gemacht, wird an anderer Stelle verkündet, und die jahrhundertelange Weltverschwörung der Juden, geleitet vom Bankhaus Rothschild, ist ein Topos, der häufig in Sendungen dieses Genres erscheint.

Das syrische Fernsehen strahlte im Oktober und November 2003 zum Ramadan eine Serie «Al-Shatat» (Diaspora) aus, in der alle Stereotypen des Judenhasses in Szene gesetzt waren. Eine der 29 Episoden zeigt die grausame Exekution eines Juden, der von einem «Talmud-Gericht» wegen der Heirat mit einer Nichtjüdin zum Tod verurteilt worden war, eine andere den Ritualmord an einem Christenknaben, ebenso detailfreudig dargestellt als Diffamierung der jüdischen Religion wie die anderen Episoden dieser Unterhaltungsserie.

Die Inszenierung der «Protokolle der Weisen von Zion» als arabische Telenovela im ägyptischen Fernsehen war ein bisheriger Höhepunkt der Indienstnahme der Konspirationsphantasie für ein Massenpublikum. Das ägyptische Fernsehen produzierte die 41 Folgen unter dem Titel «Ein Reiter ohne Pferd» zum Ramadan 2002. Die Serie wurde in allen arabischen Ländern ausgestrahlt, in der arabischen Presse intensiv und überwiegend zustimmend kommentiert. Der ägyptische Präsident Mubarak hatte amerikanischen Kongressabgeordneten gegenüber erklärt, die Serie sei nicht antisemitisch und basiere auch nicht auf den «Protokollen». Das war vor der Sendung und die Empfehlung, die westlichen Politiker sollten die TV-Darbietung erst sehen, ehe sie darüber urteilten, war natürlich im Grunde berechtigt. Der Augenschein der Fernsehfolgen ergab freilich, dass die «Protokolle» tatsächlich als Szenario dienten. Die Handlung ist nach Ägypten verlegt und auf die Errichtung des Jüdischen Staates in Palästina fokussiert, der als Schritt zur jüdischen Weltherrschaft begriffen wird.

Die Elemente der Verschwörung – geheime Sitzungen in obskuren Räumen, verdächtige Rituale und Symbole, die geheimen «Protokolle», die nach Ägypten geschmuggelt worden seien – sind mit judenfeindlichen Stereotypen besetzt. Der Produzent der Serie, Muhamad Subhi, erklärte in einem Interview, er verstünde nicht, wie man von einer TV-Folge etwas befürchten könne, von der die Zensur nicht eine einzige Szene beanstandet habe, und in einem anderen, er präsentiere die «Protokolle der Weisen von Zion», weil er sie als den Ausgangspunkt des Zionismus betrachte.

Die arabische Fernsehfolge macht die Grenzen rationaler Argumentation einmal mehr deutlich. Im hermetischen Weltbild des auf Judenhass festgelegten Publikums ist die Telenovela nur ein weiterer «Beweis» gegen die Juden, der die eigene Position bestätigt.

## 9. Die Überzeugungskraft des Absurden

Es ist leicht, die «Protokolle» als Konstrukt irrationalen Judenhasses zu entlarven. Das ist im Laufe des Jahrhunderts ihrer Existenz gründlich und oft geschehen: Mit den Methoden der Wissenschaft sind die Wurzeln und Ingredienzien des Konstrukts erforscht worden, Juristen haben sich in den Berner Prozessen der 30er Jahre mit dem Problem des Falsifikats im historisch-politischen Kontext auseinandergesetzt, die moderne Antisemitismusforschung beschäftigt sich mit der Rezeption der «Protokolle» in der Gegenwart. Mit der Verbreitung durch neue Medien, insbesondere das Internet, und durch die multimediale Verwendung des Stoffes geht eine neue Instrumentalisierung der «Protokolle» im islamistischen Kampf gegen den Staat Israel einher. Die Phänomenologie ist hinlänglich bekannt und beschrieben.

Schwierig ist es jedoch, Antworten zu finden auf die Frage nach der Wirkung der «Protokolle» als einem zentralen Referenzdokument des Antisemitismus, das durch seine internationale Verbreitung in allen großen und vielen kleinen Sprachen und in so unterschiedlichen Kulturkreisen wie Europa oder Japan, Amerika oder der arabisch-islamischen Welt als ein wesentliches Verständigungsmittel für Judenfeindschaft aus jeweils ganz unterschiedlicher Intention dient. Zu untersuchen ist also, welche Bedürfnisse nach Welterklärung die «Protokolle» bei einem so heterogenen Publikum von Gläubigen erfüllen, wie Legendenbildung funktioniert und welchen Sinn Mythen stiften. Mythos soll dabei als Sprachform verstanden werden, mit der sich Menschen, sich und ihre Welt sowie das Geschehen generell symbolisch – das heißt emotional und magisch, nicht rational und logisch – verständlich zu machen versuchen.

Die Unterscheidung von positiven Mythen – etwa des jüdischen Widerstands gegen den Holocaust in der Strategie der nationalen Identifikation Israels – und negativen Mythen – etwa der Furcht vor kommunistischer Bedrohung bei der Gründung der Bundesrepublik – führt uns nicht weiter. Wir müssen vielmehr davon ausgehen, dass Mythen generell eine erhebliche gesellschaftliche Bedeutung und Wirkung haben, weil es offensichtlich Bedarf gibt an irrationalen «Erklärungen» für komplexe Zusammenhänge wie die Macht des Kapitalismus, die Entstehung des Kommunismus, den Nahost-Konflikt, die Globalisierung, die Armut in der Welt usw.

In Deutschland fanden die aus dem religiös-fundamentalistischen antimodernistischen Milieu der russischen Zarenzeit generierten «Protokolle» frühzeitig in der «Völkischen Bewegung» einen Nährboden, auf dem die Botschaft gedieh. Die Völkische Bewegung, im 19. Jahrhundert aus sozialdarwinistischen, germanozentrischen und antisemitischen Gedankengängen entstanden, entwickelte sich in Deutschland unmittelbar vor dem Ersten Weltkrieg zur nationalistischen und rassistischen Ideologie, die das vermeintliche Recht des Stärkeren propagierte und Dominanz im Osten Europas auf Kosten diskriminierter Nationen anstrebte. Strukturell handelte es sich um die Ideologie, die dem Nationalsozialismus den Weg bereitete, tatsächlich radikalisierte sich die Völkische Bewegung nach dem Ersten Weltkrieg. Hypernationalistisches Streben verband sich mit rassistischem Überlegenheitsdenken und antisemitischen Wahnvorstellungen zu einer politischen Haltung, die trotzig und unbelehrbar – da irrational nur auf Konstrukten aufgebaut – keinen Realitätsbezug kannte. Nach dem Ersten Weltkrieg, der zum nationalen Trauma der Deutschen wurde, ist die Lehre vom «jüdischen Griff zur Weltmacht» von den Enttäuschten und Verbitterten gierig aufgenommen worden, die durch die Niederlage aus Illusionen und Ambitionen gerissen wurden und nach Erklärungen für das deutsche Unglück außerhalb aller Rationalität suchen mussten, weil jede rationale Erklärung für den militärischen und politischen Untergang des wilhelminischen Reiches sie selbst, ihr machtpolitisches Streben und ihr Selbstverständnis als überlegene Nation und «Rasse» in Frage gestellt hätte. Die Völkische Bewegung, wurzelnd im Sozialdarwinismus des

19. Jahrhunderts, durchdrungen vom Glauben, den «Lebensraum» für die germanisch-deutsche Art vergrößern zu müssen, und tief überzeugt von den Lehren des modernen rassistisch argumentierenden Antisemitismus, der die Juden als minderwertig stigmatisierte und sie für alle Übel der Welt haftbar machte, war der ideale Resonanzkörper, um die Schwingungen des judenfeindlichen Pamphlets aufzunehmen und zu verstärken.

Die Völkische Bewegung bestand aus Gruppen und Organisationen wie dem «Alldeutschen Verband», dem antisemitischen «Reichshammerbund», dem geheimbündlerischen «Germanenorden» und schließlich, nach dem Ersten Weltkrieg, dem «Deutsch-völkischen Schutz- und Trutzbund», einem der Vorläufer und Parallelverbände der NSDAP. Aber auch Lebensreformer und Agrarromantiker sowie Anhänger sozialreaktionärer Utopien gehörten zur Völkischen Bewegung. Bedrohungsängste, nationale Egozentrik, Verfolgungswahn, Fundamentalismus und das Unvermögen, sich mit realen politischen sozialen und ökonomischen Gegebenheiten auf logische Art und Weise auseinanderzusetzen, charakterisierten die «Völkischen», die in diffuser Heilserwartung der Wirklichkeit durch psychotische Ausgrenzung und Schuldzuweisung von Minderheiten zu entkommen und ihr Selbstwertgefühl zu stabilisieren suchten.

Arnold Zweig hat die «Protokolle» das «Kernstück der völkischen Verfolgungspsychose» genannt. Die Rezeption durch die Rechten mit den sich selbst bestätigenden Vermutungen und der jeden Fälschungsvorwurf einbeziehenden Gewissheit einer quasi höheren Echtheit des Textes erhärtet den Befund paranoider und psychotischer antisemitischer Demagogie und Selbsteinschätzung. «Was viele Juden unbewußt tun mögen, ist hier bewußt klar gelegt», schreibt der Verfasser von «Mein Kampf» und preist die Protokolle als das Beweisstück schlechthin für die konstitutionelle Schlechtigkeit der Juden und ihr Streben nach Weltherrschaft: Mit «geradezu grauenerregender Sicherheit» sei das Wesen und die Tätigkeit des Judenvolkes aufgedeckt, meint Hitler, der in demagogischer Umkehr der Realität den immer wieder erbrachten Nachweis der Fälschung als Beweis für die tatsächliche Authentizität des Dokuments konstatiert: «Wie sehr das ganze Dasein dieses Volkes auf einer fortlaufenden Lüge beruht, wird in unvergleichlicher Art in den von den Juden so unendlich gehaßten ‹Protokollen der Weisen von Zion› gezeigt. Sie sollen auf einer Fälschung beruhen, stöhnt immer wieder die ‹Frankfurter Zeitung› in die Welt hinaus: der beste Beweis dafür, daß sie echt sind. Was viele Juden unbewußt tun mögen, ist hier bewußt klargelegt. Darauf aber kommt es an. Es ist ganz gleich, aus wessen Judenkopf diese Enthüllungen stammen, maßgebend aber ist, daß sie mit geradezu grauenerregender Sicherheit das Wesen und die Tätigkeit des Judenvolkes aufdecken und in ihren inneren Zusammenhängen sowie den letzten Schlußzielen darlegen. Die beste Kritik an ihnen jedoch bildet die Wirklichkeit. Wer die geschichtliche Entwicklung der letzten hundert Jahre von den Gesichtspunkten dieses Buches aus überprüft, dem wird auch das Geschrei der jüdischen Presse sofort verständlich werden. Denn wenn dieses Buch erst einmal Gemeingut eines Volkes geworden sein wird, darf die jüdische Gefahr auch schon als gebrochen gelten.»

Die «Protokolle» sind seit Langem weltweit das Referenzdokument des Antisemitismus schlechthin. Kein anderer Text hatte eine größere Wirkung als das Machwerk über die jüdische Weltverschwörung, weil das Publikum an die griffige Welterklärung glauben wollte. Die Mörder des deutschen Außenministers Walther Rathenau kannten die Geschichte und glaubten, ihr Opfer sei einer «der 300 Weisen von Zion». Das war 1922 gewesen. Als die Nationalsozialisten an die Macht gekommen waren, wurden die «Protokolle» offizieller Lehrstoff in den deutschen Schulen, ein Erlass des Reichsministers für Wissenschaft, Erziehung und Volksbildung vom 13. Oktober 1934 ordnete dies an. Ob echt oder falsch, kümmerte die Antisemiten nicht, diese Frage war ihnen angesichts der propagandistischen Wirkung zweitrangig. Die Argumente und Beweise gegen das Pamphlet waren ja längst Bestandteil seiner Verbreitung geworden. Mit den Methoden, die später auch die Leugner von Auschwitz anwenden sollten – paranoide Phantasie und Realitätsverweigerung –, wurde die Verschwörungstheorie der Protokolle mit immer neuen Verschwörungsphantasien bekräftigt.

Vergleichbar, um ein adäquates Bild zu gebrauchen, ist diese Textexegese der Suche der Alchemisten nach dem Stein der Weisen, dem «lapis philosophorum», jener geheimnisvollen festen oder flüssigen Substanz, von deren Existenz sie jahrhundertelang überzeugt waren, die unedle Metalle in Gold und Silber verwandeln und die gehörig verdünnt als lebensverlängerndes und verjüngendes Elixier («aurum potabile») dienen sollte. Der Vergleich der Antisemiten, die die «Protokolle» als Schlüsseldokument propagieren, mit der Alchemie, die sich seit der Spätantike bis ins 17. Jahrhundert als Pseudowissenschaft mit den Elementen und Substanzen des Lebens beschäftigt, liegt nahe. Beide geheimen Künste und Bestrebungen, die Alchemie wie die Ideologie der Judenfeindschaft, agieren auf der Basis religiöser, naturphilosophischer, esoterischer und magischer Weltanschauung mit Heilserwartungen.

Auf die Frage, warum die «Protokolle» so lange und so nachhaltig Wirkung haben, hilft die Erkenntnis, dass es sich um ein absurdes und hassgeborenes Konstrukt handelt, nicht weiter. Die Absurdität des Verschwörungsmythos ist ja kein Einwand gegen, sondern ein Element ihrer Wirkung. Carl Schmitt, der Staatsrechtler, der Hitlers Diktatur theoretisch unterfütterte, hat festgestellt, dass «keine noch so klare Gedankenführung … gegen die Kraft echter mythischer Bilder» aufkomme. Ideologen und Demagogen haben allezeit diese Erkenntnis angewendet, die zaristische Geheimpolizei nicht anders als die Nationalsozialisten oder die islamistischen Agitatoren, denen die Legende von der jüdischen Weltverschwörung willkommene Munition im Kampf gegen Israel ist, oder christliche Fundamentalisten in Osteuropa, die mit dem Kommunismus abrechnen, oder Amerikafeinde in Japan, die den Kapitalismus erklären wollen – sie alle benutzen das mythische Bild vom Juden, der nach Weltherrschaft strebt.

Hilfreich sind daher Einsichten in die Funktion von Mythen. Sie erfüllen die Aufgabe der symbolischen Zeichensetzung im politischen und kommunikativen Prozess; damit soll Orientierung geschaffen werden, und Codes werden bereitgestellt, die zur Erklärung von Problemen abgerufen werden können. Die

Realität wird im Mythos durch das Symbol ersetzt. Damit ist er der Rationalität entrückt. Praktikabel sind Mythen als Elemente von Ideologie, das heißt Realität wird durch Glauben substituiert, Fakten werden zu Fiktionen transformiert. Roland Barthes hat Entstehung und Wirkung der «Mythen des Alltags» analysiert und Grundeinsichten vermittelt, die auch für unseren Fall, die «Protokolle», gelten: «Der Mythos leugnet nicht die Dinge, seine Funktion besteht im Gegenteil darin, von ihnen zu sprechen». Aber er redet nicht von Dingen, wie sie sind, sondern er kehrt sie um und gibt ihnen eigene neue Bedeutung. «Er gibt ihnen eine Klarheit, die nicht die der Erklärung ist, sondern die der Feststellung.»

Normalerweise haben Mythen ein historisches Ereignis wie die Französische Revolution mit den Ideen von Freiheit und Gleichheit oder den Widerstand gegen den Nationalsozialismus zum Ausgangspunkt. Wie die «Protokolle» zeigen, kann aber auch eine Fiktion als Kern des Mythos dienen. Durch unablässiges Zitieren, durch Assoziation und Konnotation gewinnt er scheinbar Realität. Die Imagination wird schließlich als wirkliches Geschehen wahrgenommen und anerkannt, die «Protokolle», ein durch und durch antiaufklärerisches Dokument, haben als Mythos Überzeugungskraft erlangt und werden zum «Beweis» der jüdischen Weltverschwörung.

Alfred Rosenberg hat als nationalsozialistischer Ideologe Glaubenssätze fixiert, die jeder rationalen Erörterung entzogen als gültige «Wahrheiten» dargestellt sind. Er wollte eine neuheidnische, auf Rassismus gegründete Religion stiften und gab seiner Programmschrift den Titel «Der Mythus des 20. Jahrhunderts». Er machte damit den Anspruch auf ultimative Welterklärung deutlich. Dass sein Buch – ebenso wie Hitlers «Mein Kampf» – mehr zitiert als gelesen wurde, hat keine einschränkende Bedeutung, entscheidend ist die Setzung des Mythos als einer Erzählung, die Emotionen anspricht, Symbolwert hat, Erklärung der (scheinbaren) Zusammenhänge der Welt anbietet und – jenseits rationaler Beweisbarkeit, aber mit dem Anschein von Logik – leicht verstanden werden kann. Dies geschieht im Falle der «Protokolle» auf besonders perfide Art durch die Simulation eines Dokumentes, das zunächst als Textsorte («Protokoll»), dann durch Tradition und Verbreitung, vor allem aber durch seine mythische Qualität («Geheimdokument» des Judentums) Referenzcharakter erhielt. «Enthüllung» und Schuldzuweisung als Methoden zur Stigmatisierung der jüdischen Minderheit sind im Kontext vieler Kulturen leicht nachvollziehbar. Das hat die «Protokolle der Weisen von Zion» zur Chiffre der Judenfeindschaft gemacht, die beliebig einsetzbar ist.

Der Mythos von der Verschwörung mit dem Ziel der Weltherrschaft gehört zu den schlichten Ideologien, die mit Schuldzuweisungen an die Juden arbeiten und sich die Beweise selbst schaffen. Das behauptete jüdische Streben nach Dominanz über andere wird nicht als emotionale Unterstellung wahrgenommen, sondern als sich selbst beweisende Tatsache, und daher entziehen sich Verschwörungstheorien der Argumentation auf rationaler Ebene. Vielfältige Ängste der Mehrheit werden mit Legenden von jüdischer Macht kanalisiert. Die «Protokolle der Weisen von Zion» haben deshalb absoluten Referenzcharakter, weil sie beliebig verwendbar vom russischen Zarenreich über den NS-Staat bis zum islamistischen Kampf gegen Israel und den Westen und in allen möglichen sonstigen Zusammenhängen durch ihre bloße Existenz und lange Tradition zum Beweis für Denkfiguren genommen werden, die sich der Vernunft entziehen und eben deshalb so wirkungsvoll sind. Die immer aktuelle Stereotype der jüdischen Weltverschwörung ist ihrem Wesen nach konstitutiv für das Phänomen des Antisemitismus: Auf Verabredung und Emotion gegründet, im mythologischen Ungefähr angesiedelt, als Gerücht und Geraune verbreitet, universal verwendet und wie alle wahnhaften Konstruktionen mit rationalen Mitteln nicht auflösbar, solange der Wunsch nach Welterklärung durch Schuldzuweisung an die Minderheit besteht.

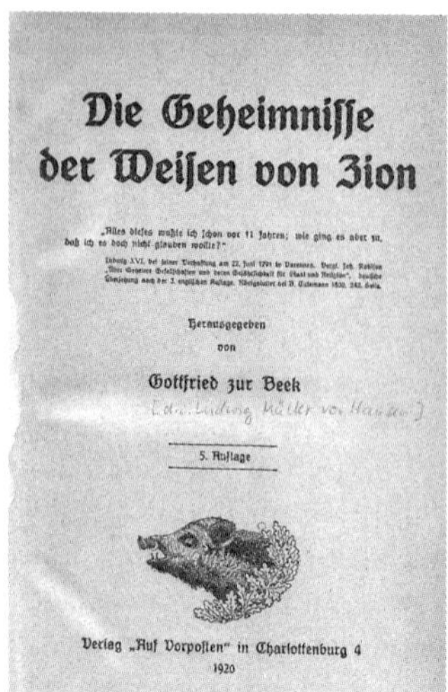

Die Geheimnisse der Weisen von Zion

„Alles dieses wußte ich schon vor 11 Jahren; wie ging es aber zu, daß ich es doch nicht glauben wollte?"

Herausgegeben von

Gottfried zur Beek

5. Auflage

Verlag „Auf Vorposten" in Charlottenburg 4

1920

Die erste deutsche Ausgabe der «Protokolle», herausgegeben von «Gottfried zur Beek» (Ludwig Müller), erschien 1919 im Verlag «Auf Vorposten» in Charlottenburg.

Die Zionistischen Protokolle

Das Programm der internationalen Geheim-Regierung

Hammer-Verlag / Leipzig

Theodor Fritsch veröffentlichte 1920 in seinem antisemitischen Hammer-Verlag eine populäre Ausgabe der «Protokolle», die bis 1933 schon 100 000 mal verkauft wurde.

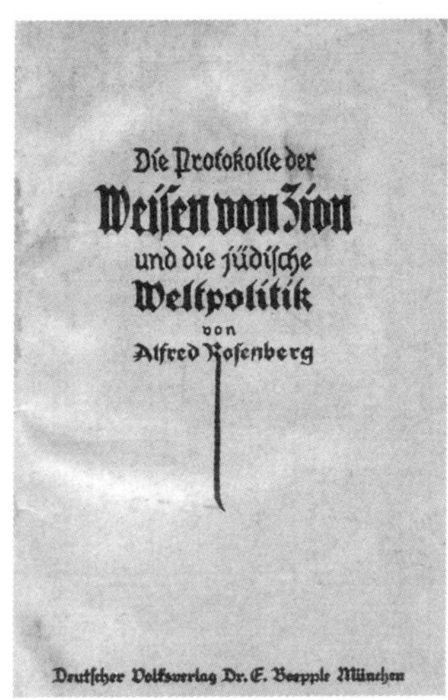


Die von Alfred Rosenberg kommentierte Ausgabe der «Protokolle» erschien erstmals 1923. Mehrere Neuauflagen folgten.

Schwedische Ausgabe der «Protokolle» 1924.

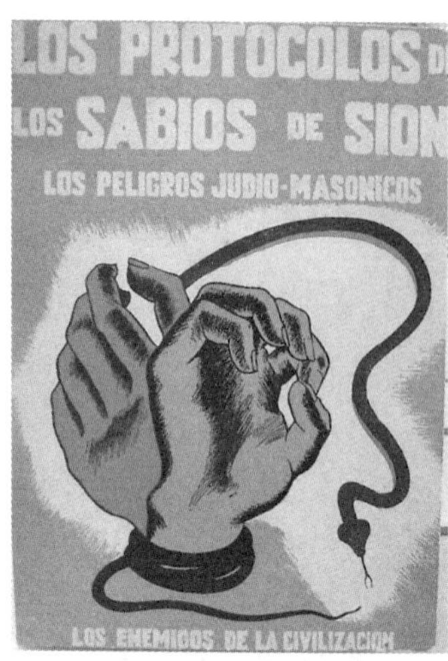


Spanische Ausgabe der «Protokolle» ohne Verlags- und Ortsangabe, 1927.

Französische Ausgabe der «Protokolle» (1934).

Der antifaschistische Roman von Wolfgang Cordan, 1934 im Exil in den Niederlanden erschienen, benutzt die antisemitische Verschwörungsphantasie der «Protokolle» als dialektische Parabel für die Herrschaft des Nationalsozialismus und deren willfährige Hinnahme. Der Protagonist des Romans, ein jüdischer Student, engagiert sich in bitterer Reaktion auf den Erfolg des Verschwörungsmythos auf der äußersten politischen Linken.

Die «Protokolle» in Brasilien, Sao Paulo 1937.

Weltverschwörung des Judentums – vorgestellt im Lichte der «Protokolle der Weisen von Zion», erschienen in Krakau 1943.

Spanische Ausgabe der «Protokolle» 1963.

Ägyptische Ausgabe der «Protokolle» 1976.

Diese französische Ausgabe der «Protokolle» wird seit 1978 auch als Reprint in den USA vertrieben.

Arabische Ausgabe von Henry Ford, Der Internationale Jude, erschienen in Kairo 2001.

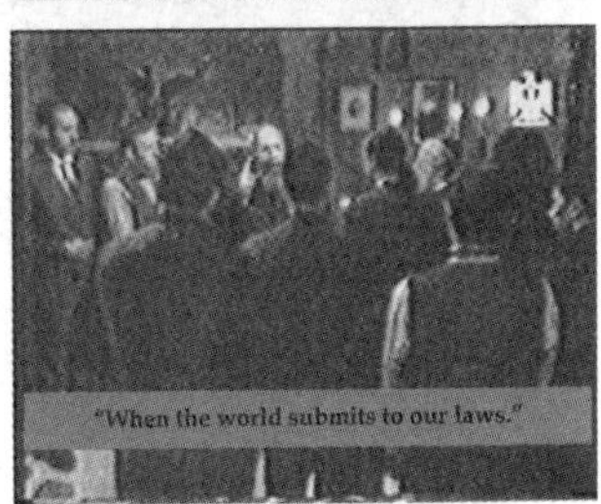


Bilder aus der Telenovela «Reiter ohne Pferd», ausgestrahlt vom Hisbollah-Fernsehen im Libanon im Oktober 2002 und vom ägyptischen Satellitenfernsehen im November 2002.

Ägyptische Ausgabe der «Protokolle» 2002.

Der Film von Marc Levin (USA 2004) dokumentiert, ausgehend von den «Protokollen» die Verbreitung antisemitischer Verschwörungsphantasien.

Arabische Ausgabe der «Protokolle», erschienen in Syrien 2005.

# Literatur

## 1) Quellen

### a) Allgemein

Kurt Aram (d. i. Hans Fischer), Der Zar und seine Juden, Berlin o. J. (1914).
Augustin Barruel, Denkwürdigkeiten zur Geschichte des Jakobinismus, Münster 1800–1803.
Biarritz. Historisch-politischer Roman in acht Bänden von Sir John Retcliffe (d. i. Herrmann Goedsche), Bd. 1, Berlin o. J. (von Ernst Goetz durchgesehene Ausgabe 1903–1908). Zuerst 1868.
Maurice Joly, Ein Streit in der Hölle. Gespräche zwischen Machiavelli und Montesquieu über Macht und Recht. Aus dem Französischen von Hans Leisegang, Frankfurt a. M. 1990.
Die Judenpogrome in Rußland, hrsg. im Auftrage des Zionistischen Hilfsfonds in London von der zur Erforschung der Pogrome eingesetzten Kommission, 2 Bände, Köln und Leipzig 1910.
Arnold Zweig, Bilanz der deutschen Judenheit. Ein Versuch, Amsterdam 1934, Neudruck Leipzig 1991.

### b) Antisemitica

Gottfried zur Beek (Hrsg.), Die Geheimnisse der Weisen von Zion, Charlottenburg 1919.
Karl Bergmeister, Der jüdische Weltverschwörungsplan. Die Protokolle der Weisen von Zion vor dem Strafgerichte in Bern, Erfurt 1937 (Neuauflage White Power Publications Liverpool, W. V./USA 1977).
Ulrich Fleischhauer, Die echten Protokolle der Weisen von Zion, Sachverständigengutachten, erstattet im Auftrage des Richteramtes V in Bern, Erfurt 1935.
Henry Ford, Der internationale Jude, Leipzig 1921.
Theodor Fritsch (Hrsg.), Die Zionistischen Protokolle. Das Programm der internationalen Geheim-Regierung, Leipzig 1924.
The Jewish Peril. Protocols of the Learned Elders of Zion, London 1920.
Alfred Rosenberg, Die Protokolle der Weisen von Zion und die jüdische Weltpolitik, München 1923 (10. Aufl. 1933).
Alfred Rosenberg, Der Weltverschwörerkongreß zu Basel. Um die Echtheit der Zionistischen Protokolle, München 1927.

Johannes Rothkranz, Die «Protokolle der Weisen von Zion» – erfüllt! (Band 1/Teil 1 und 2), Durach 2004.
Stephan Vász, Das Berner Fehlurteil über die Protokolle der Weisen von Zion. Eine kritische Betrachtung über das Prozeßverfahren, Erfurt 1935.
Die Zionistischen Protokolle. Das Programm der internationalen Geheim-Regierung. Aus dem Englischen übersetzt nach dem im Britischen Museum befindlichen Original. Mit einem Vor- und Nachwort von Theodor Fritsch, Leipzig 1924.
Jüdische Weltmachtpläne. Die Entstehung der sogenannten Zionistischen Protokolle. Neue Zusammenhänge zwischen Judentum und Freimaurerei, zusammengestellt und erläutert von E. Frhr. v. Engelhardt, bisher Leiter des Instituts zum Studium der Judenfrage in Berlin, Leipzig 1936.

### c) Abwehrschriften

Will Eisner, Das Komplott. Die wahre Geschichte der Protokolle der Weisen von Zion. Mit einer Einführung von Umberto Eco, München 2005.
Felix Langer, Die Protokolle der Weisen von Zion. Rassenhaß und Rassenhetze, Wien 1934.
Carl Albert Loosli, Die «Geheimen Gesellschaften» und die Schweizerische Demokratie. Sonderdruck aus dem offiziellen Gutachten des überparteilichen gerichtlichen Experten im Berner Prozess betreffend die «Zionistischen Protokolle», Bern-Bümpliz 1935.
Emil Raas/Georges Brunschvig, Vernichtung einer Fälschung. Der Prozeß um die erfundenen «Weisen von Zion», Zürich 1938.
Binjamin Segel, Die Protokolle der Weisen von Zion kritisch beleuchtet. Eine Erledigung, Berlin 1924.
The Truth About «The Protocols». A Literary Forgery, from THE TIMES of August 16, 17, and 18, 1921, London 1921.

## 2) Literatur

Roland Barthes, Mythen des Alltags, Frankfurt a. M. 1964.
Wolfgang Benz, Was ist Antisemitismus?, München 2004.
Wolfgang Benz (Hrsg.), Handbuch des Antisemitismus, Berlin 2008–2015, insbes. Bd. 4 und Bd. 6
Alfred Bodenheimer, Jüdische (Un-)Heilsvisionen. Theodor Herzls «Judenstaat» und «Die Protokolle der Weisen von Zion», in: Judaica 66 (2010), 2, S. 97–106.
Miriam Bistrović, Antisemitismus und Philosemitismus in Japan, Essen 2011.
Stephen Eric Bronner, Ein Gerücht über die Juden. Die «Protokolle der Weisen von Zion» und der alltägliche Antisemitismus, Berlin 1999.

Norman Cohn, Warrant for Genocide. The myth of the Jewish World-conspiracy and the Protocols of the Elders of Zion, Chico 1981 (erstmals 1967), deutsche Ausgabe: Die Protokolle der Weisen von Zion. Der Mythos von der jüdischen Weltverschwörung, Köln 1969 (Neuausgabe Baden-Baden, Zürich 1998 mit einer kommentierten Bibliographie von Michael Hagemeister).

Richard van Dülmen, Der Geheimbund der Illuminaten, Stuttgart 1977.

Umberto Eco, Das Foucaultsche Pendel, München 1988.

Umberto Eco, Im Wald der Fiktionen. Sechs Streifzüge durch die Literatur, München 1994.

Rainer Erb (Hrsg.), Die Legende vom Ritualmord. Zur Geschichte der Blutbeschuldigung gegen Juden, Berlin 1993.

Reuven Erlich, Anti-Semitism in the Contemporary Middle East, Jerusalem 2004.

Eduard Gugenberger/Franko Petri/Roman Schweidlenka, Weltverschwörungstheorien. Die neue Gefahr von rechts, Wien, München 1998.

Michael Hagemeister, Sergej Nilus und die «Protokolle der Weisen von Zion». Überlegungen zur Forschungslage, in: Jahrbuch für Antisemitismusforschung 5 (1996), S. 127–147.

Michael Hagemeister, Wer war Sergej Nilus? Versuch einer bio-bibliographischen Skizze, in: Ostkirchliche Studien 40 (1991), S. 49–63.

Michael Hagemeister, The «Protocols of the Elders of Zion»: Between History and Fiction, in: New German Critique 35 (2008), S. 83–95.

Michael Hagemeister, Die «Protokolle der Weisen von Zion» und der Basler Zionistenkongress von 1897, in: Heiko Haumann (Hrsg.), Der Traum von Israel. Die Ursprünge des modernen Zionismus, Weinheim 1998, S. 250–273.

Eva Horn, Michael Hagemeister (Hrsg.), Die Fiktion von der jüdischen Weltverschwörung. Zu Text und Kontext der «Protokolle der Weisen von Zion», Göttingen 2012.

Johannes Heil, «Gottesfeinde» – «Menschenfeinde». Die Vorstellung von jüdischer Weltverschwörung (13. bis 16. Jahrhundert), Essen 2006.

Colin Holmes, New light on the «Protocols of Zion», in: Patterns of Prejudice 11 (1977), Nr. 6, S. 13–22.

Jacob Katz, Vom Vorurteil bis zur Vernichtung. Der Antisemitismus 1700–1933, München 1989.

Danilo Kiš, Enzyklopädie der Toten, Frankfurt a. M. 1988.

Rotem Kowner, On Symbolic Antisemitism: Motives for the Success of the *Protocols* in Japan and its Consequences, Jerusalem 2006.

Richard Landes, Steven T. Katz (Hrsg.), The Paranoid Apocalypse: A Hundred-Year Retroperspective on «The Protokols of the Elders of Zion», New York 2011.

Walter Laqueur, Deutschland und Rußland, Berlin 1965.

Urs Lüthi, Der Mythos von der Weltverschwörung. Die Hetze der Schweizer Frontisten gegen Juden und Freimaurer – am Beispiel des Berner Prozesses um die «Protokolle der Weisen von Zion», Basel, Frankfurt a. M. 1992.

MEMRI Special Report, A Knight without a Horse, Anti-Semitism on Egyptian Television? Washington, DC 2003.

Wolfram Meyer zu Uptrup, Kampf gegen die «jüdische Weltverschwörung». Propaganda und Antisemitismus der Nationalsozialisten 1919–1945, Berlin 2003.

Cesare G. De Michelis, The Non-Existent Manuscript: A Study of the «Protokols of the Sages of Zion», Lincoln, London 2004.

Volker Neuhaus, Der zeitgeschichtliche Sensationsroman in Deutschland 1855–1878. «Sir John Retcliffe» und seine Schule, Berlin 1980.

Armin Pfahl-Traughber, Der antisemitisch-antifreimaurerische Verschwörungsmythos in der Weimarer Republik und im NS-Staat, Wien 1993.

Peter Pulzer, Die Entstehung des politischen Antisemitismus in Deutschland und Österreich 1867–1914, Gütersloh 1966.

Béla Rásky, Plagiierte Höllendialoge. Die Fälschungs- und Wirkungsgeschichte der «Protokolle der Weisen von Zion», in: Jüdisches Museum der Stadt Wien (Hrsg.), Die Macht der Bilder. Antisemitische Vorurteile und Mythen, Wien 1995.

Henry Rollin, L'apocalypse de notre temps. Les dessous de la propagande allemande d'après des documents inédits, Paris 1939 (Neuauflage Paris 1991).

Jeffrey L. Sammons (Hrsg.), Die Protokolle der Weisen von Zion. Die Grundlage des modernen Antisemitismus – eine Fälschung. Text und Kommentar, Göttingen 1998.

Hans Sarkowicz, Die Protokolle der Weisen von Zion, in: Karl Corina (Hrsg.), Gefälscht! Betrug in Politik, Literatur, Wissenschaft, Kunst und Musik, Frankfurt a. M. 1990, S. 56–73.

Robert Singerman, The American Career of the Protocols of the Elders of Zion, in: American Jewish History 71 (1981), S. 48–78.

Yaacov Tsigelman, «The Universal Jewish Conspiracy» in Soviet Anti-Semitic Propaganda, in: Theodore Freedman (Hrsg.), Anti-Semitism in the Soviet Union: Its Roots and Consequences, New York 1984, S. 394–421.

Massimo Ferrari Zumbini, Die Wurzeln des Bösen. Gründerjahre des Antisemitismus: Von der Bismarckzeit zu Hitler, Frankfurt a. M. 2003.

# Personenregister


Ahlwardt, Hermann 63
Alexander II. (Zar) 67 f.
Antonius (Metropolit) 79
Aram, Kurt siehe Fischer, Hans

Barruel, Augustin 20, 36 ff., 87
Beek, Gottfried zur siehe Müller, Ludwig
Bingen, Hildegard von 33
Birnbaum, Nathan 24
Bloch, Ernst 105
Böckel, Otto 61
Bronner, Stephen Eric 90
Brunschvig, Georges 84, 91
Buber, Martin 28

Chayla, Graf Alexandre du 72, 85
Clairvaux, Bernhard von 33
Clemens VI (Papst) 54
Clemens XII (Papst) 16
Cohn, Norman 42, 87
Cordan, Wolfgang 119
Cyon, Élie de 42

Denke 86
Dreyfus, Alfred 25, 64 f.
Drumont, Edouard 64
Dühring, Eugen 61
Dumas, Alexandre 38

Eck, Johannes 56
Eckart, Dietrich 85
Eco, Umberto 86 f., 90
Eisner, Will 89 ff.
Engelhardt, Eugen Freiherr von 79 f.
Enzensberger, Hans Magnus 94

Fadhlallha, Abd Al-Karim 107
Findley, Nigel D. 82
Fischer, Hans (Kurt Aram) 69
Fleischhauer, Ulrich 85
Ford, Henry 7, 79, 105, 121
Fouché, Joseph 37
Fritsch, Theodor 61, 67, 75 f., 79, 84 f., 99, 116
Fry, Lesley 49

Gaarder, Jostein 20
Gedeon, Wolfgang 45–49
Ginsberg, Ascher siehe Haam, Achad
Glagau, Otto 60, 96
Gobineau, Joseph Arthur Graf 58 f., 64
Goebbels, Joseph 89
Goedsche, Herrmann Ottomar Friedrich 31-33, 35 f., 38, 49, 60, 67, 74
Gömbös, Gyula 79
Golowinski, Matwej 42
Gougenot des Mousseux, Henri 17, 64
Graves, Philip 78 f.

Haam, Achad 47 ff.
Harmann 86
Hassan II. (König) 100
Helsing, Jan van siehe Holey, Jan Udo
Henrici, Ernst 61
Hernickel 86
Herzl, Theodor 24–27, 49, 74, 77, 79
Heß, Moses 24
Heym, Stefan 87 ff.
Himmler, Heinrich 93
Hitler, Adolf 7, 49, 74, 77, 89, 93, 99, 106, 111, 113 f.
Hohmann, Martin 7, 47, 79
Holey, Jan Udo 97 f.

Joachim II. (Kurfürst) 57
Joan von Kronstadt siehe Sergiev, Joan Iljic
Joly, Maurice 38–42, 74, 77 f., 87, 94
Jones, Steve 12

Kaczynski, Jaroslaw 20
Karl Alexander (Herzog) 57
Katharina (Zarin, die Große) 65
Katz, Jacob 17

Kennedy, John F. 98
Kiš, Danilo 86
Knigge, Adolf Freiherr 37
Kraus, Karl 27

Lauck, Gary Rex 94
Lepechin, Michail 42
Levin, Marc 122
Lippold 57
Loosli, Carl Albert 85f.
Ludendorff, Erich 74
Lueger, Karl 25, 63
Luther, Martin 55

Machiavelli, Niccolo 38–41, 48, 94
Manon, Ernst 94
Marr, Wilhelm 50, 60, 62, 67
Matti, Hans 84
Mahatir, bin Mohamad 103–105
Meyer, Walter 91
Monmouth, Thomas von 19
Montefiori, Moses 23
Montesquieu, Charles de Secondat 38–41, 94
Mubarak, Mohamed Hosni 107 f.
Müller, Ludwig 74–76, 83, 99, 116

Napoleon I. (Kaiser) 33, 37
Napoleon III. (Kaiser) 38 f., 42, 94
Nilus, Sergej Alexandrowitsch 72 f., 81, 85, 86 f.
Nilus, Sergej (Sohn) 73
Norwich, William von 52
Nostradamus 98

Oppenheimer, Joseph (Jud Süß) 57
Oserowa, Elena Alexandrowa 72 f., 87

Parisiensis, Matthaeus 13
Philippe, Nizier Anthelme 72
Pinsker, Leo 24
Pulzer, Peter 38

Raas, Emil 91
Rami, Ahmed 100 ff.
Rathenau, Walther 75, 112
Ratschkowski, Pjotr Iwanowitsch 42
Retcliffe, Sir John siehe Goedsche, Herrmann Ottomar Friedrich
Rollin, Henri 39, 49
Rosenberg, Alfred 7, 75, 77, 93, 99, 114, 117
Rothkranz, Johannes 99
Rothschild (Bankhaus) 107

Sales, Franz von 33
Salm-Horstmar, Otto Fürst zu 74
Sammons, Jeffrey L. 47
Schabelski-Bork, Pjotr 75
Schirinowsky, Wladimir 105
Schmitt, Carl 113
Schönerer, Georg Ritter von 63
Segel, Binjamin 77, 80
Sergiev, Joan Iljic 72
Simonini, Jean-Baptiste 37 f.
Steinbach, Norbert 96
Stoecker, Adolf 25, 61 f.
Streicher, Julius 7, 86, 93
Subhi, Muhamad 108
Sue, Eugène 87

Tantawi, Mohamed Sayyid 106
Ternant, Andrew de 94
Tolstoi, Iwan Graf 66
Treitschke, Heinrich von 61

Voltaire 36

Weishaupt, Adam 36 f., 96 f.
Weizmann, Chaim 15
Wilhelm II. (Kaiser) 74
Winberg, Fjodor 75
Witte, Sergej 42, 48

Zarsenas, Shahryar 107
Zweig, Arnold 111